SOMMER

Erbse

Himbeere

Aubergine

Tomate

gurke

Pastinake
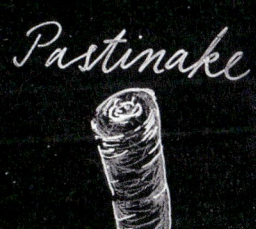

Randen

Mandarine

Kabis

WINTER

SEASONS

Fanny Frey

fanny the foodie

SEASONS

Ein Jahr in Rezepten

FO NA

LEKTORAT Léonie Schmid
BILDER Fanny Frey
GESTALTUNG Fona Grafik, Melanie Graser und Daniela Friedli
DRUCK Druckerei Uhl, Radolfzell
ISBN 978-3-03780-597-8

Einleitung

Rezepte

Wo nicht anders vermerkt, sind die Rezepte für 4 Personen berechnet.

ABKÜRZUNGEN

EL • gestrichener Esslöffel | TL • gestrichener Teelöffel | dl • Deziliter
ml • Milliliter | Msp • Messerspitze

Widmung

Dieses Buch widme ich allen, die mich gelehrt haben, das Essen zu lieben.

Meinen Eltern, die Stunden in der Küche gestanden haben, wenn sie gemeinsam die bekannte Frey-Lasagne zubereitet haben oder mein Vater Pizza im Holzofen buk, welche mit dem besten Antipasti-Gemüse belegt wurde.

Den Freunden meiner Eltern, die nur das Beste servieren und die Kochen genauso lieben wie ich. Jede Zutat wird mit viel Überlegung ausgewählt und mit noch viel mehr Liebe zubereitet. Das Resultat sind einmalige Kreationen.

Dem Familienfreund, der ein fantastischer Koch ist. Wenn wir bei ihm auf Besuch waren, habe ich stets seinen Essatlas studiert, in dem alle nur erdenklichen Lebensmittel abgebildet waren.

Den Freunden, die mich mit Speisen aus fremden Kulturen vertraut machten, sei es aus Griechenland, Nordafrika oder Indien.

Meinen australischen Gasteltern, die so viele Kochbücher besaßen, dass ich mich im siebten Himmel fühlte.

Ohne sie alle hätte ich das Genießen und die große Liebe zum Kochen nicht entdeckt. Ohne sie wäre ich nicht Fanny the Foodie.

EINLEITUNG

Fanny the Foodie

Ich heiße Fanny. Und ich liebe das Essen seit frühester Kindheit.

Ich war stets das experimentierfreudigste Kind am Tisch, aber nicht, weil ich mit Pommes, Schnitzel und Ketchup kreativ spielte – nein, ich war jenes kleine Mädchen, welches am Erwachsenentisch sitzen wollte, weil dort das «richtige» Essen serviert wurde. Ich wollte immer mehr! Mehr Geschmack! Mehr Komponenten! Mehr Farben! Mehr Kreativität!

Gemüse gab es am Erwachsenentisch nicht nur in Form einer Tomatensauce. Und Saucen gab es, deren Aroma rein gar nichts mit einer 08/15-Tomatensauce gemein hatten. Das Fleisch wurde am Stück serviert. Die Speisen wurden von Gewürzen und Kräutern verzaubert. Auch die Beilagen wurden mit viel Liebe gekocht. Beim Risotto milanese komme ich ins Schwärmen. Desserts wurden auf Tellern schön präsentiert. Eis am Stiel war tabu. Das Essen war einfach himmlisch.

Wenn bei uns zuhause gekocht wurde, schaute ich zu. Die hausgemachte Pasta meiner Eltern war die beste. Ich lernte, sie selber herzustellen. Meine Tagesmutter weihte mich in die indische, orientalische und griechische Küche ein. Familienfreunde brachten mich auch auf den Safrangeschmack. Einer von ihnen zeigte mir, wie man aus Süßem Salziges und aus Salzigem Süßes zaubern kann – ich erinnere mich lebhaft an ein Fenchel-Panna-cotta, das einfach köstlich war. Viele Menschen haben mich in meinem kulinarisch gebildet und geformt. Von klein auf war ich ein Feinschmecker, ein Foodie: Fanny the Foodie.

Der Schiefertisch

Ein alter Schiefertisch hat in meinem Leben eine besondere Stellung. Er begleitet mich seit meiner frühsten Kindheit. An ihm lernte ich sprechen, essen, genießen. An ihm büffelte ich Französischwörter, spielte Karten. Irgendwann lehrte mich mein Vater auf diesem Tisch, wie man eine mathematische Ableitung formt. Fotokulisse war der Tisch meiner Eltern erstmals 2014. Für den Geburtstag meiner Schwester hatte ich nach eigenem Rezept einen Kuchen gebacken und ihn auf meinem Blog www.fannythefoodie.com veröffentlicht.

Ich begann mit meiner Kamera zu experimentieren und verwendete immer wieder andere Hintergründe. Auf den Schiefertisch konnte ich nie verzichten. Er ist für mich etwas Einzigartiges und hat in meinem Leben Geschichte geschrieben. Die Liebe zum Tisch blieb auch meinem Vater nicht verborgen. Lang bevor ich flügge geworden bin, hat er mir einen Schiefertisch gekauft, der nun in meiner Wohnung steht und in vielen Fotos in diesem Buch – inklusive Cover – eine tolle Kulisse ist. Nie hätte ich mir träumen lassen, dass er in einem Buch verewigt wird, geschweige denn in meinem eigenen.

Meine Küche – meine Kochphilosophie

Vor einigen Jahren habe ich begonnen, mich intensiver und ganzheitlich mit dem Essen zu befassen. Selbstverständlich steht das Geschmackserlebnis an erster Stelle. Das schließt aber Nachhaltigkeit und Gesundheit nicht aus. Mit meinen Rezepten möchte ich zeigen, wie Geschmack, Nachhaltigkeit und Gesundheit im Einklang sein können und im Alltag einfach umsetzbar sind. Essen soll genussvoll sein und Spaß machen. Der Gesundheit zuliebe müssen die Lebensmittel vollwertig und frisch sein. Nachhaltigkeit hat viel mit Saisonalität und einheimischen Frischprodukten (Früchte und Gemüse) zu tun. Ich kaufe regelmäßig auf dem Wochenmarkt ein. Hier weiß ich, dass die Frischprodukte auch erntefrisch sind: vom Baum, Gemüsebeet direkt auf den Markt. Und für noch etwas bietet sich der Markt an: Hier kann man lernen, wann die einheimischen Produkte Saison haben. Mich fasziniert die Marktatmosphäre, und ich liebe es, in den frühen Morgenstunden zwischen Gemüse-, Früchte- und Blumenständen zu schlendern und mich inspirieren zu lassen. In Gedanken stehe ich schon am Kochherd und verarbeite frische saftige Tomaten zu einer würzigen Sauce, knackiges Grünzeug zu köstlichen Salaten und süße Beeren und Früchte zu Kuchen oder Kompott.

GEMÜSE

Von Topinambur, Schwarzwurzel und Pastinake schon mal was gehört? Wenn nicht, ist das verständlich, denn sie zählten bis vor nicht allzu langer Zeit zu den fast vergessenen Gemüsen. In diesem Buch kann man sie kennen lernen. Und die Rande/rote Bete? Man kennt sie, aber meist nur als Salat von gekochten Wurzeln. Dabei eignen sie sich für sehr viel mehr, roh wie gekocht. Wenn man die vielen bekannten und weniger bekannten einheimischen Gemüsesorten der Saison entsprechend in den Speiseplan integriert, kann man in der kalten Jahreszeit auf Tomaten, Peperoni und Auberginen verzichten. Verzicht ist übrigens das falsche Wort, bereichert doch die Saisonalität den Speisezettel, und zwar das ganze Jahr.

OBST UND BEEREN

In meiner Küche werden Früchte genauso wenig auf Süßspeisen reduziert wie Gemüse auf salzige Speisen. In ein herzhaftes Ragout passen sehr wohl Quitten, in einen Porridge Kürbis und der salzigen Omelette schmeicheln Himbeeren. Ich liebe das Experimentieren und verlasse gerne traditionelle Pfade auf der Suche nach neuen Geschmackskombinationen und kulinarischen Erlebnissen.

GETREIDE UND ZUCKER

Ich verwende statt Weizen- lieber Dinkel- und Buchweizenmehl. Und anstelle des raffinierten weißen Zuckers süße ich mit natürlichen Süßmitteln wie Agavendicksaft, Ahornsirup, Kokosblütenzucker und Datteln. Ich bin aber der Meinung, dass man alles mit Maß machen sollte. Auch ich esse bei Gelegenheit ein Stück Kuchen, das mit weißem Zucker gesüßt ist, und bestelle bei meinem Lieblingsitaliener selbstgemachte Pasta aus Weizenmehl. Ich versuche aber zuhause und im Alltag meinen drei Grundsätzen beim Kochen treu zu bleiben: Geschmack, Nachhaltigkeit und Gesundheit.

Vorrat

WO UND WAS ICH EINKAUFE

Hülsenfrüchte, Trockenobst und Getreide kaufe ich im Supermarkt um die Ecke. Für Hefeflocken, Kokosblütenzucker und Kakaonibs gehe ich ins Reformhaus. Nicht zu meiner Grundausstattung zählen Açaipulver, Matcha und Chiasamen. Ich verwende sie gelegentlich, für eine ausgewogene Ernährung sind sie aber nicht notwendig.

EIN BLICK IN DEN KÜHLSCHRANK

Das Marktangebot bestimmt beim Gemüse den kurzzeitigen Vorrat. Ich achte dabei auf eine möglichst große Vielfalt und auf Abwechslung. Grünzeug wie Federkohl oder Spinat, je nach Saison, habe ich immer im Kühlschrank. Ich brauche sie für Smoothies, Salate, Eintöpfe und Pasta.

Auch ein Gläschen Harissa, eine scharfe orientalische Paste, und eingelegte frische Zitronen sind vorhanden. Tofu und Räuchertofu gehören ebenfalls zu meinen Grundzutaten. Auch Sojajoghurt, Kokosjoghurt und Mandelmilch müssen immer griffbereit sein.

TIEFKÜHLER

In meinem Gefrierfach lagern vor allem gefrorene Früchte, weil ich oft größere Mengen für Smoothies einkaufe. Überreife Früchte sind oft günstig zu haben. Auch gekochte Hülsenfrüchte bewahre ich ab und zu im Tiefkühler auf.

Vorratsschrank

HÜLSENFRÜCHTE

Das Angebot an Hülsenfrüchten ist groß. Sie eignen sich für Suppen, Eintöpfe, Pastagerichte, Currys, Pasten und vieles mehr. Ich koche sie am liebsten selber, obwohl einige auch im Glas/in der Dose erhältlich sind. Am besten kocht man gleich eine größere Menge (500–1000 g getrocknete Hülsenfrüchte). Sie können problemlos tiefgekühlt werden.

Cannellini (kleine weiße Bohnen)
Einweichzeit: über Nacht
Kochzeit: 45 bis 60 Minuten

Kidneybohnen (rote Bohnen, Indianerbohnen)
Einweichzeit: über Nacht
Kochzeit: 90 bis 120 Minuten

Kichererbsen
Einweichzeit: über Nacht
Kochzeit: 45 bis 60 Minuten

Rote Linsen
Einweichzeit: entfällt
Kochzeit: 25 bis 30 Minuten

Grüne Linsen
Einweichzeit: entfällt
Kochzeit: 35 bis 40 Minuten

TROCKENOBST

Trockenobst habe ich immer im Vorrat. Ich verwende es zum Süßen und zum Kochen und liebe es als Snack für zwischendurch. Zum Süßen nehme ich gerne Datteln. Rosinen hingegen verwende ich mehrheitlich für salzige Gerichte wie Currys.

Datteln
Rosinen
Aprikosen
Cranberrys

MEHL

Zum Backen nehme ich meist Dinkelmehl, vorzugsweise aus ganzem Korn (Vollkorn). Auch Kichererbsenmehl verwende ich oft, häufig als Eiersatz für salzige Speisen und für Kuchen und Kleingebäck. Kichererbsenmehl ist glutenfrei und gibt Speisen einen feinen nussigen Geschmack.

Dinkelmehl
Kichererbsenmehl
Buchweizenmehl

PASTA

Wenn ich keine Zeit habe, Pasta selbst herzustellen, verwende ich Vollkorndinkelpasta, die mir persönlich am besten schmeckt.

Vollkorndinkel- oder Dinkelpasta

REIS & CO.

Auch für ein Reisgericht ist das ganze Korn (Vollkorn) für mich erste Wahl. Eine Ausnahme ist der Risotto. Hier bevorzuge ich weißen Reis (geschältes Korn), weil er mir einfach besser schmeckt. Auch den aromatischen Riso Venere (schwarzer Reis aus Italien) verwende ich ab und zu. Alternativen zu Reis sind Bulgur (Weizenprodukt) und Couscous (Hartweizen, Hirse, Gerste), die ich gerne für orientalische Gerichte verwende.

Grünkern
Vollkornreis
Boulgur
Risottoreis
Riso Venere
Buchweizen
Couscous, grob- und feinkörnig
Rollgerste

NÜSSE UND SAMEN

Nüsse und Samen sind für süße und salzige Gerichte und Backwaren unverzichtbar. Sie eignen sich auch wunderbar für Nussmus, das als Brotaufstrich und cremige Sauce verwendet werden kann. Nüsse sind auch ein willkommener Snack für zwischendurch.

Mandeln
Baum-/Walnüsse
Cashewnüsse
Pekannüsse
Leinsamen
Sonnenblumenkerne
Kürbiskerne
Hanfsamen

SÜSSMITTEL

Raffinierten weißen Zucker verwende ich sehr selten. Alternativen sind Agavendicksaft, Ahornsirup und Datteln. Ich bin zudem ein großer Fan von Kokosblütenzucker, der einen tiefen glykämischen Index hat. Da er ziemlich teuer ist, weiche ich ab und zu auf Vollrohrzucker aus.

MILCH–ALTERNATIVEN

Im Kaffee bevorzuge ich Sojamilch. Für Müesli, Porridge und Kuchen sind Hafer- und Mandelmilch ideal, weil sie eine leichte natürliche Süße haben. Für salzige Speisen wie cremige Saucen, Currys und Suppen nehme ich meist Kokosmilch (nicht Kokosdrink) aus der Asia-Abteilung, die weniger süß und weniger wässrig ist. Auch Soja- und Kokosjoghurt habe ich sehr gerne, zum Beispiel für ein schnelles Frühstück mit hausgemachtem Granola und frischen Früchten.

Kokosmilch
Hafermilch
Sojamilch
Mandelmilch
Sojajoghurt
Kokosjoghurt

ÖLE UND FETTE

Olivenöl
Kokosöl nativ
Sesamöl

Für Salate und zum Anbraten bei mittlerer Hitze nehme ich Olivenöl. Es muss ein qualitativ gutes Öl sein. Mein Olivenöl kommt von Freunden aus der Toskana.

Wenn das Öl stark erhitzt werden muss, nehme ich Kokosöl. Zum Würzen von asiatischen Speisen eignet sich Sesamöl.

GEWÜRZE UND GEWÜRZMISCHUNGEN

Ich liebe es, mit Gewürzen zu spielen und zu experimentieren. Man kann mit einfachen Rezepten ein richtiges Festmahl zaubern. Ohne Gewürze macht mir das Kochen keinen Spaß.

Garam Masala
Ras El Hanout
Zatar
Curry
Kreuzkümmel
Kurkuma
Safran
Zimt
Vanille
Muskat
Kardamom
Ingwer, getrocknet und frisch
Paprika
Hefeflocken
Lorbeer
Misopaste
Harissa

NUSS- UND SAMENMUS

Nussmus gibt es mittlerweile in fast jedem Supermarkt zu kaufen. Meine Lieblinge sind die vier unten erwähnten, die ich sowohl für Saucen, Salatdressings und auch Smoothies verwende. Nussmus lässt sich in einem guten Mixer sogar auch selber herstellen, alles, was man dafür braucht, sind Nüsse oder Samen und etwas Geduld.

Tahin
Mandelmus
Erdnussmus
Cashewmus

KRÄUTER

Ich verwende getrocknete und frische Kräuter, ob Rosmarin, Salbei, Thymian … Sie sind unverzichtbar für Ofengemüse, Suppen, Pastasaucen, Eintöpfe und vieles mehr. Die Petersilie ist der Allrounder, insbesondere die glattblättrige Sorte.

Rosmarin
Salbei
Thymian
Koriander
Basilikum
Petersilie
Schnittlauch

Equipment

Ich koche liebend gern. Das will aber nicht heißen, dass ich alle erdenklichen Küchengeräte habe und in einer perfekt ausgestatteten Küche arbeite. Ich bin stolz auf meine Sammlung von Schüsseln, Tellern und Gläsern. Alles andere ist Durchschnitt.

BACKEN

Cakeform, 20 cm Länge
großes rechteckiges Backblech
kleine und große Gratinformen
Springform, 21 cm Durchmesser
Brownieform, 27 x 16 cm, fakultativ
Muffinförmchen, fakultativ
Tartaletteförmchen, fakultativ

KOCHEN UND BRATEN

nicht haftende Bratpfanne
Gusseisenbratpfanne
Schmortopf/Bräter
Stielpfannen

Currys und Eintöpfe koche ich gerne im Schmortopf. Für Frittatas und Omeletts nehme ich die Gusseisenbratpfanne.

WÄGEN UND ABMESSEN

digitale Küchenwage
1 Set Messlöffel
1 EL = 15 ml
1 TL = 5 ml
½ TL = 0,25 ml
¼ TL = 0,125 ml
Messbecher (1 Liter)

Zum Wägen verwende ich immer eine digitale Küchenwaage oder einen Messbecher. Sie liefern das genaueste Resultat. Wichtig ist das zum Beispiel beim Abwägen von Agar-Agar-Pulver. Ein gutes Resultat bekommt man auch mit Messlöffeln. Wenn man aber von einer Flüssigkeit mehrere Esslöffel abmessen muss, ist die Waage wieder im Vorteil. Und so wird es gemacht: Schüssel, Pfanne usw. auf die Waage stellen und das Produkt zugeben und aufaddieren.

ZERKLEINERN UND AUSPRESSEN

einige gute Messer
1 High-Speed-Standmixer oder Foodprocessor
1 Wiegemesser
1 feine und grobe Reibe (Bircherraffel, Röstiraffel)
1 Zitronenpresse
1 Sparschäler

Gut schneidende Messer sind das A und O in der Küche. Ein Wiegemesser ist sehr praktisch zum Zerkleinern von Kräutern. Die Reiben brauche ich zum Raspeln von Gemüse und Kartoffeln und zum Abreiben von Zitronenschale.

Backofen

Ich backe immer mit Umluft. Wenn also im Rezept nichts anderes steht, ist das Umluftprogramm zu wählen.

Mise en place

Mit einem guten Mise en place kann man Stress und Chaos vorbeugen. Ich muss eingestehen, dass ich vermutlich eine der größten Chaotinnen in der Küche war... und manchmal immer noch bin. Ich habe mich beim Arbeiten an diesem Buch ab und zu an die Hauswirtschaftslektionen in der Schulzeit erinnert, als das Mise en place obligatorisch war. Heute weiß ich auch, weshalb – unsere Lehrerin wollte vermutlich vermeiden, dass die Küche sich in einen Schweinestall verwandelt.

Gut Ding will Weile haben

Für ein gutes Resultat braucht es manchmal etwas Zeit, beim Vorbereiten und beim Kochen. So müssen Zwiebeln zum Beispiel wohl dosiert (bei nicht zu schwacher und nicht bei zu starker Hitze) karamellisiert sein, damit sie ein möglichst authentisches Karamellaroma bekommen. Auch sollte man nicht versuchen, die Kochzeit mit einer zu hohen Temperatur zu verkürzen.

Mein wichtigster Tipp
für die Küche!

Beim Kochen ist es wie mit den Kleidern und der Musik – die Geschmäcker sind verschieden. Wenn eine Speise für den einen zu salzig, hat sie für den andern zu wenig Würze. Allen kann man es selten recht machen, Deshalb ist es auch beim Kochen wichtig, sich auf Gefühl zu verlassen. Genau das habe ich gemacht, als ich die Rezepte kreierte, kochte/buk und verkostete. Ich habe um die 100 Rezepte kreiert, die mir schmecken. Ich bin Fanny, meine Geschmacksnerven gehören zu mir und sie sind genau so einzigartig wie ich bin. Dein Geschmack mag sich von meinem unterscheiden. Deshalb: Vertraue dir und deinem Gefühl. Wenn eine Speise für dich zu wenig scharf ist, würze sie mit zusätzlichem Chili und Pfeffer. Auch wenn ich mich freue, wenn das Rezept für dich passt, freue ich mich noch mehr, wenn du experimentierst. Genau das habe ich jeden Tag gemacht.

Ich wünsche dir viel Spass beim Ausprobieren, Nachkochen, Experimentieren und selbstverständlich – vor allem – beim Genießen.

BASICS

Nussiges Buchweizen-Granola

Was in meinem Vorratsschrank nie fehlen darf, ist ein Glas hausgemachtes Granola. Natürlich kann man es auch fixfertig kaufen, nur weiß man dann nicht so genau, was drin ist. Und hausgemacht schmeckt es auch viel besser. Dieses Granola ist glutenfrei.

FÜR 2 GLÄSER VON ½ L INHALT

100 g Apfelmus, ungesüßt | 1 EL Kokosblütenzucker | 2 EL Tahin | 2 EL Ahornsirup
½ TL Zimtpulver | 150 g Buchweizen | 25 g gepuffter Reis
30 g Kokoschips | 50 g Mandeln, grob gehackt | 50 g Macadamianüsse, grob gehackt

1 Backofen auf 150 °C vorheizen.

2 Apfelmus mit Kokosblütenzucker, Tahin und Ahornsirup verrühren.

3 Restliche Zutaten mischen, Apfelmus unterrühren. Masse etwa 7 mm hoch auf einem mit Backpapier belegten Blech verstreichen.

4 Granola im vorgeheizten Ofen bei 150 °C 35 Minuten backen. Vollständig auskühlen lassen. In Stücke brechen. In ein Glas mit Schraubverschluss füllen.

HALTBARKEIT Das Granola kann einige Wochen aufbewahrt werden.

VERWENDUNG Granola schmeckt wunderbar mit Milch nach Wahl und einigen Früchten. Es eignet sich auch als Topping für Smoothies und Eiscreme. Manchmal darf es eine Handvoll trockene Mischung als Snack für zwischendurch sein.

APFELMUS Der Apfel ist eine der wenigen Früchte, die das ganze Jahr erhältlich sind. Grund ist die gute Lagerfähigkeit von vielen Apfelsorten. Das beste Apfelmus gibt es von reifen Früchten. Äpfel nach Möglichkeit nicht schälen! Früchte vierteln und entkernen und in Schnitze schneiden. Mit wenig Wasser kochen, bis die Früchte weich sind oder zu Mus zerfallen, mit Stabmixer zu einem Püree mixen.

NUTTY

BUCKWHEAT

GRANOLA

Brownie-Crunch-Granola

Ich liebe Schokolade auch im Granola. Der Kakao und die Nüsse geben ihm den Geschmack von Brownies. Den Extra-Crunch liefern Kakaonibs, gebrochene Kakaobohnen.

——————— FÜR 1 GLAS VON ½ L INHALT ———————

100 g Apfelmus, ungesüßt | 1 EL Mandelmus | 1 EL Kokosöl | 150 g grobe Haferflocken
3 EL Kakaonibs | 50 g Haselnüsse, gehackt
50 g Baum-/Walnüsse, gehackt | 3 EL Kokosblütenzucker | 30 g Kakaopulver

1 Backofen auf 150 °C vorheizen.

2 Apfelmus, Mandelmus und Kokosöl verrühren.

3 Restliche Zutaten mischen, Apfelmus unterrühren. Masse etwa 7 mm hoch auf einem mit Backpapier belegten Blech verstreichen.

4 Granola im vorgeheizten Ofen bei 150 °C 30 Minuten backen. Vollständig auskühlen lassen. In Stücke brechen. In ein Glas mit Schraubverschluss füllen.

HALTBARKEIT Das Granola kann einige Wochen aufbewahrt werden.

KAKAONIBS gibt es in Bioläden und größeren Supermärkten. Man kann sie auch durch fein gehackte dunkle Schokolade ersetzen, die man unter das ausgekühlte, gebackene Granola mischt.

APFELMUS Der Apfel ist eine der wenigen Früchte, die das ganze Jahr erhältlich sind. Grund ist die gute Lagerfähigkeit von vielen Apfelsorten. Das beste Apfelmus gibt es von reifen Früchten. Äpfel nach Möglichkeit nicht schälen! Früchte vierteln und entkernen und in Schnitze schneiden. Mit wenig Wasser kochen, bis die Früchte weich sind oder zu Mus zerfallen, mit Stabmixer zu einem Püree mixen.

BROWNIE
CRUNCH
GRANOLA

Porridge

Wenn ich als Kind krank war, hat meine Tagesmutter zum Frühstück Porridge gekocht. Ich mochte diesen wärmenden Brei. Während meinem Austauschjahr in Australien gab es dann täglich Porridge. Heute geht bei mir an kalten Wintertagen kein Weg an Porridge vorbei. Über die Jahre habe ich Mischungen mit verschiedenen Flocken ausprobiert. Zwei Sachen müssen stimmen: Der Porridge soll gut schmecken und lange sättigen.

––––––––––––––––––– FÜR 3–4 PORTIONEN –––––––––––––––––––

40 g Buchweizen | 20 g Leinsamen | 50 g Vollkornhaferflocken | 50 g Hirseflocken
6 dl/600 ml Wasser | 4 dl/400 ml Mandelmilch
1 Vanilleschote, aufgeschnitten, Mark abgestreift | 1 TL Zimtpulver

EXTRAS – FÜR 1 PORTION
½ Apfel, entkernt gewürfelt | 1 Dattel, entsteint, in Streifen | einige Kürbiskerne

1 kleine Karotte, fein gerieben | 2 Baum-/Walnusshälften, grob gehackt | 1 EL Rosinen

1 TL Erdnussmus | 1 TL Himbeerkonfitüre

1 Alle Zutaten in eine Pfanne geben und unter Rühren aufkochen, den Brei bei schwacher Hitze unter gelegentlichem Rühren 15 Minuten köcheln lassen.

2 Porridge frisch servieren oder für den Vorrat in Gläser füllen und gekühlt oder warm genießen.

PORRIDGE AUFWÄRMEN 1 dl/100 ml Mandelmilch oder Wasser beifügen. Extras untermischen.

SÜSSEN Ich mag Porridge am liebsten ungesüßt. Wer ihn aber lieber süßlich hat, kann die vorgeschlagenen Extras unter den fertigen Brei rühren. Natürlich kann man vor dem Servieren auch ein wenig Ahornsirup oder Kokosblütenzucker unterrühren.

Müeslimischung

Die Müeslimischung gehört zusammen mit dem Granola zu meiner Grundausstattung. Auch hier schätze ich, selber entscheiden zu können, was in die Mischung kommt. Man darf nach Lust und Laune variieren, wichtig ist nur, dass das Verhältnis von Haferflocken, Trockenfrüchten, Nüssen und Kernen stimmt.

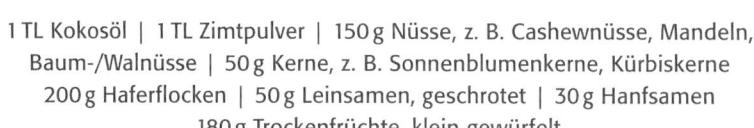

FÜR 2 GLÄSER VON ½ L INHALT

1 TL Kokosöl | 1 TL Zimtpulver | 150 g Nüsse, z. B. Cashewnüsse, Mandeln, Baum-/Walnüsse | 50 g Kerne, z. B. Sonnenblumenkerne, Kürbiskerne 200 g Haferflocken | 50 g Leinsamen, geschrotet | 30 g Hanfsamen 180 g Trockenfrüchte, klein gewürfelt

1 Kokosöl in der Bratpfanne erhitzen. Zimtpulver unterrühren. Nüsse, Kerne und Haferflocken beifügen und unter Rühren bei mittlerer Hitze 5 Minuten rösten. Auf ein Blech verteilen und erkalten lassen.

2 Lein- und Hanfsamen und Trockenfrüchte unterrühren. Müeslimischung in ein Glas mit Schraubverschluss/Deckel füllen.

HALTBARKEIT Die Mischung ist einige Wochen haltbar.

TIPP Mit Milch oder Joghurt nach Wahl mischen oder für Birchermüsli verwenden.

Vollkorndinkel-Nuss-Brot

Ich backe das Brot nicht immer selber. Oft gehe ich zu meinem Lieblingsbäcker und kaufe ein Roggensauerteigbrot. Wenn ich backe, dann ist es dieses Dinkelbrot. Über die Jahre habe ich gelernt, dass etwas vom Wichtigsten für ein gutes Gelingen Zeit und Geduld sind. Das Teigkneten erlebe ich schon fast als Meditation.

----------------------------------- FÜR 1 BROT -----------------------------------

2 dl/200 ml lauwarmes Wasser | ½ Hefewürfel, 21 g Hefe
1 EL Kokosblütenzucker | 3 EL Mehl | 200 g Dinkelvollkornmehl
200 g Dinkelruchmehl | 1 ½ TL Salz | 50 g Baum-/Walnüsse, gehackt
50 Sonnenblumenkerne

Dinkelmehl, zum Bestäuben | Dinkelgrieß, zum Bestäuben

1 Wasser, Hefe, Kokosblütenzucker und 3 EL Mehl verrühren, 20 Minuten zugedeckt stehen lassen, bis das Teiglein das doppelte Volumen hat.

2 Mehle und Salz in einer Teigschüssel mischen. Hefeflüssigkeit unterrühren. Teig von Hand etwa 4 Minuten kneten. Baumnüsse und Sonnenblumenkerne einkneten. Teigschüssel mit feuchtem Küchentuch zudecken. Teig auf das doppelte Volumen aufgehen lassen. Das dauert etwa 2 Stunden.

3 Teig leicht flach drücken und einen länglichen Brotlaib formen. Auf ein mit Backpapier belegtes Blech legen. Mit Wasser bestreichen. Weitere 15 Minuten gehen lassen.

4 Backofen auf 250 °C Ober- und Unterhitze vorheizen.

5 Brot mit Mehl und Dinkelgrieß bestäuben und zweimal diagonal 1 cm tief einschneiden. Ein hitzebeständiges Glas oder eine Tasse mit Wasser füllen und neben das Brot auf das Blech stellen.

6 Blech auf der zweituntersten Schiene in den Ofen schieben und das Brot bei 250 °C 5 Minuten backen. Temperatur auf 180 °C reduzieren und das Brot weitere 25 bis 30 Minuten backen. Das Brot ist durchgebacken, wenn es beim Beklopfen des Bodens hohl tönt.

Hummus

Ich kann mich nicht mehr erinnern, wann ich das Hummus entdeckt habe. Auf jeden Fall liebe ich es und es vergeht kaum eine Woche ohne Hummus. Ein Glas davon hat es immer im Kühlschrank. Das gewisse Etwas bekommt mein Kichererbsenpüree durch Zatar, Harissa und Zitronenschale.

─────────── FÜR 250 G ───────────

200 g gekochte Kichererbsen | 2 TL Zitronensaft und wenig abgeriebene
Zitronenschale | 1 EL Tahin | ½–1 TL Salz | 1 TL Zatar
Harissa | 1 TL Kreuzkümmel | 1 ½–1 dl/50–100 ml Wasser

Olivenöl | schwarze Sesamsamen | Zatar

1 Alle Zutaten zu einer homogenen, feinen Paste mixen.

2 Hummus mit Olivenöl beträufeln und mit Sesamsamen bestreuen.

TIPP Mit knusprigem Bauernbrot, Crackern oder rohem Gemüse servieren.

KICHERERERBSEN SELBER KOCHEN Erbsen über Nacht in reichlich Wasser einweichen. Einweichwasser weggießen. Erbsen in reichlich frischem Wasser aufkochen und köcheln lassen, bis sie weich sind. Das dauert rund 45 Minuten.

Macadamia-Pâté

Räuchertofu und Macadamia-Nüsse sind eine himmlische Kombination, die geschmacklich an Pâté erinnert.

──────────────── FÜR 250 G ────────────────

100 g Macadamia-Nüsse, ungesalzen | 120 g Räuchertofu | ½ TL Salz | ½ TL Miso

1 Macadamia-Nüsse 30 Minuten in kaltem Wasser einweichen. Abgießen.

2 Alle Zutaten im Mixer zu einer körnigen Paste verarbeiten. Paste in ein Glas mit Schraubverschluss füllen.

HALTBARKEIT Das Pâté ist im Kühlschrank 1 Woche haltbar.

TIPP Das Macadamia-Pâté schmeckt hervorragend als Brotaufstrich oder als Dip zu rohem Gemüse.

MACADAMIA-NUSS Sie zählt zu den exotischen Nüssen und wird vorwiegend in Australien, Hawaii, in afrikansichen und zentralamerikanischen Staaten und im Westen der USA angebaut. Die sehr fetthaltige Nuss (77 % Fettanteil) schmeckt süß und cremig-wachsig. Sie kann in der Küche wie Mandeln und Haselnüsse eingesetzt werden, wobei ihr feiner Geschmack die beiden Klassiker in den Schatten stellt.

Linsen-Curry-Dip

Linsen sind ideal für eine rasche Küche, weil sie nicht eingeweicht werden müssen und je nach Sorte in 20 bis 40 Minuten essbereit sind. Rote Linsen haben die kürzeste Garzeit und der Dip ist im Handumdrehen gemacht.

———————————— FÜR 1 GLAS VON 2 DL/200 ML INHALT ————————————

150 g gekochte rote Linsen | 1 EL Curry, Schärfe nach Belieben | 2 EL Kokosmilch
1 EL Erdnussmus | ½ TL Salz

Rotkabis/-kohl, in Streifen | Grün-/Federkohl oder Wirz/Wirsing, in Streifen

Alle Zutaten im Mixer zu einem cremigen Dip verarbeiten. Dip in ein Glas mit Schraubverschluss füllen.

HALTBARKEIT Der Dip ist im Kühlschrank 1 Woche haltbar.

TIPP Der Dip passt zu geröstetem Brot und zu Rohkost.

ERDNUSSMUS sollte man in Bio-Qualität kaufen. Dieses Mus ist garantiert rein und enthält keine Zusätze wie Zucker, andere Dickungsmittel, fremde Fette und Ergänzungsstoffe.

Cremiger Kräuterdip

Dieser Dip erinnert an Frischkäse und ist ein wunderbarer Brotaufstrich. Die leicht «käsige» Note geben ihm die Hefeflocken. Mit Kräutern verschwenderisch umgehen und je nach Saison variieren! Sie geben dem Dip die frische Note.

——————— FÜR 1 GLAS VON 2 DL/200 ML INHALT ———————

150 g fester Tofu | 3 EL Hefeflocken | 1 TL Zitronensaft | ½ TL Salz
½ TL getrockneter Knoblauch

2 EL fein gehackter Dill | 2 EL fein gehackte Petersilie
1 EL fein geschnittener Schnittlauch

1 Tofu, Hefeflocken, Zitronensaft, Salz und Knoblauch zu einer homogenen, festen Paste mixen. Kräuter unterrühren.

2 Dip in ein Glas mit Schraubverschluss füllen.

HALTBARKEIT Der Dip ist im Kühlschrank einige Tage haltbar.

Schoko-Kokos-Bliss-Balls

Bliss-Balls sind kleine Energiespender aus Trockenfrüchten und Nüssen und können schokoladig bis fruchtig schmecken. Sie sind ideal für den Vorrat und für mich der perfekte Nachmittagssnack. Für Schokoladenliebhaber sind diese Bällchen ein Muss, denn sie stillen garantiert auch das Verlangen auf ein Stück Schokolade.

––––––––––––––––– FÜR 12 STÜCK –––––––––––––––––

100 g Datteln, entsteint | 50 g Kokosflocken | 4 TL Kakaopulver | 2 EL Kakaonibs

1 Datteln, Kokosflocken und die Hälfte des Kakaopulvers zu einer Paste mixen. Kakaonibs unterrühren. Bällchen formen.

2 Restliches Kakaopulver auf einen Teller geben und Bällchen darin wenden.

3 Bällchen im Kühlschrank oder in einem Glas mit Schraubverschluss aufbewahren.

HALTBARKEIT Die Bällchen sind im Kühlschrank bis 2 Wochen haltbar.

Berry-Apricot-Bliss-Balls

Diejenigen, die weniger auf Schokolade stehen, werden sich auf die fruchtige Note freuen.

50 g Cranberrys | 50 g getrocknete Aprikosen | 25 Cashewnüsse | 25 g Mandeln
¼ TL Vanillepulver

1–2 EL Cranberrypulver oder gemahlene Mandeln, nach Belieben

1 Alle Zutaten zu einer Paste mixen. Aus der teigähnlichen Masse Bällchen formen und nach Belieben im Cranberrypulver oder in den Mandeln wenden.

2 Bällchen im Kühlschrank oder in einem Glas mit Schraubverschluss aufbewahren.

HALTBARKEIT Die Bällchen sind im Kühlschrank bis 2 Wochen haltbar.

Haselnuss-Schoko-Aufstrich

Ich liebte als Kind diesen süßen Aufstrich über alles. Während den Ferien aß ich jeweils so viel davon, dass ich ihn nicht mehr sehen und riechen konnte. Bei uns war Nutella nur in den Ferien erlaubt. Wenn ich heute Lust auf den süßen Aufstrich habe, ziehe ich die hausgemachte Variante vor, die aus nur fünf Zutaten besteht und besser als das Original schmeckt.

―――――――― FÜR 200 G ――――――――

120 g Haselnüsse, geröstet und geschält | 3 EL Agavendicksaft | 30 g Kakaobutter
30 g Kakaopulver | 3 EL Mandelmilch

1 Kakaobutter mit Kakaopulver in einer kleinen Schüssel über dem heißen Wasserbad unter Rühren schmelzen.

2 Haselnüsse, Agavendicksaft, flüssige Schokomasse und Mandelmilch im Mixerglas zu einer geschmeidigen Paste mixen. Das kann einige Minuten dauern.

3 Haselnuss-Schoko-Aufstrich in ein Glas mit Deckel füllen.

HALTBARKEIT Der Aufstrich kann im Kühlschrank 2 bis 3 Wochen aufbewahrt werden.

TIPP Ein wunderbarer Brotaufstrich.

ACHTUNG Für diesen Aufstrich braucht es einen Hochleistungsmixer oder einen Food-Processor. Ein normaler Mixer ist zu schwach und würde irreparablen Schaden erleiden.

Herzhafter Nusscrunch

Zum Aufpeppen von Salaten und Suppen habe ich stets ein großes Glas dieses herzhaften Nusscrunch im Vorrat. Ein Esslöffel voll, und schon wird auch ein grüner Salat zum Geschmackserlebnis.

FÜR 1 GLAS VON ½ L INHALT

50 g Haselnüsse | 50 g Pinienkerne | 50 g Buchweizen | 50 g Sonnenblumenkerne
50 g Kürbiskerne | 50 g Sesamsamen | 3 EL Olivenöl
1 TL getrockneter Thymian | 1 TL getrockneter Rosmarin | 2 Briefchen Safranpulver
1 TL Salz | ½ TL Chiliflocken | 1 EL Birnendicksaft

1 Den Backofen auf 150 °C vorheizen.

2 Alle Zutaten in einer großen Schüssel mischen. Die Mischung möglichst flach auf einem großen Blech verteilen.

3 Nusscrunch in der Mitte in dem auf 150 °C vorgeheizten Ofen 30 Minuten backen. Mischung alle 10 Minuten bewegen, damit sie gleichmäßig braun wird. Auskühlen lassen.

4 Nusscrunch in einem Glas mit Schraubverschluss aufbewahren.

TIPP Der Nusscrunch eignet sich auch zum Anreichern von Pasta und als Aperitif.

Hausgemachter Milchersatz

Anstelle von Kuhmilch verwende ich am liebsten Mandelmilch. Sie schmeckt selbst-gemacht am besten. Die Mandeln müssen über Nacht eingeweicht werden, damit der Mixer nicht überfordert wird und die Milch eine feine Konsistenz bekommt.

PLAIN ALMOND MILK (FÜR 1 LITER MILCH)
1 l Wasser | 1 Prise Salz | 130–150 g geschälte Mandeln

GOLDEN MILK (FÜR ½ LITER MILCH)
½ l Wasser | 1–2 TL frisch Kurkuma | 2 Datteln, entsteint, zerkleinert
75 g geschälte Mandeln

VANILLA-MILK (FÜR ½ LITER MILCH)
1 Vanilleschote, aufgeschnitten, Mark abgestreift
2 Datteln, entsteint, Fruchthälften zerkleinert | 75 g geschälte Mandeln | ½ l Wasser

---

1 Mandeln auf ein Blech verteilen und im vorgeheizten Ofen bei 150 °C 20 Minuten bräunen. Alle 5 Minuten bewegen. Geröstete Mandeln in eine große Schüssel geben und mit Wasser gut bedecken. Über Nacht in den Kühlschrank stellen. Mandeln am nächsten Tag abgießen und abspülen.

2 Alle Zutaten für die Milch in das Mixerglas eines robusten Mixers geben und auf hoher Stufe 1 bis 2 Minuten mixen. Milch durch ein feines Sieb in Flasche/Glas mit Verschluss füllen. Für eine feinere Konsistenz Milch durch ein Mull-/ Baumwolltuch gießen.

HALTBARKEIT Die Mandelmilch ist im Kühlschrank 1–2 Wochen haltbar. Vor dem Gebrauch jeweils schütteln.

VERWENDUNG Mandelmilch eignet sich für Smoothies und für Müesli. Ungesüßt kann sie auch zum Kochen von herzhaften Gerichten verwendet werden.

GRUNDREZEPT 150 g geschälte, rohe Mandeln ergeben etwa 2 Liter Mandelmilch. Die gebräunten, eingeweichten Mandeln können tiefgekühlt und später verwendet werden.

Currypaste

Ich bin ein großer Curryfan und mische die Gewürze gerne selber. Weil das etwas Zeit beansprucht, sollte man eine größere Menge zubereiten und portionsweise tiefkühlen.

2 Bund Minze, 40 g | 2 Bund Koriander, 40 g | 3 EL Garam Masala
1 EL Kreuzkümmelsamen | 1 EL Fenugreek
2 Bio-Zitronen, fein abgeriebene Schale und 2 EL Saft | 3 kleine rote Zwiebeln, geschält
3 Knoblauchzehen, geschält | ca. 3 cm Ingwer, geschält | 1 EL Himalayasalz

1 Alle Zutaten im Mixerglas zu einer homogenen Paste mixen.

2 Currypaste portionsweise tiefkühlen.

Kräuterdressing

Salat mit einem feinen Dressing; das ist ein doppelter Genuss. Eigentlich reichen dafür schon ein guter Balsamico und ein feines Olivenöl. Für den Vorrat bereite ich eine besonders cremige Version mit vielen Kräutern und erfrischender Zitrone zu.

———————————— FÜR 3–4 SALATE ————————————

1 dl/100 ml Mandelmilch | 1 TL Apfelessig | 2 EL Sojajoghurt | 1 TL Senf
1 Bund Dill, fein gehackt | 1 Bund Schnittlauch, fein geschnitten
1 Bio-Zitrone, abgeriebene Schale und 1 EL Saft | 1 TL Kapern, fein gehackt
½ TL Salz | 1 EL Olivenöl

1 Mandelmilch und Apfelessig verrühren und 10 Minuten stehen lassen.

2 Sojajoghurt und restliche Zutaten verrühren und zur Mandelmilch geben, kräftig rühren.

HALTBARKEIT Das Dressing ist im Kühlschrank 1 Woche haltbar.

Orangen-Safran-Dressing

Der Safran ist mein Lieblingsgewürz. Er muss also unbedingt in einem Salatdressing enthalten sein.

—————————————— FÜR 3–4 SALATE ——————————————

1 dl / 100 ml frisch gepresster Orangensaft von Blond- oder Blutorangen
2 Datteln | 2 El Olivenöl | 2 EL Balsamico
1 TL Salz | 3 Pfefferkörner | 1 Briefchen Safranpulver

1 Alle Zutaten zu einem sämigen Dressing mixen.

2 Dressing in eine Flasche füllen. Vor Gebrauch jedes Mal gut schütteln.

HALTBARKEIT Das Dressing ist im Kühlschrank etwa 1 Woche haltbar.

Salzzitronen

Salzzitronen werden vor allem in der marokkanischen Küche gerne verwendet. Sie geben den Speisen eine wunderbare Zitronennote. Weil sie nicht leicht zu finden sind, stelle ich sie selber her. Bis zur Genussreife vergehen 3 bis 4 Wochen.

──────────── FÜR EIN EINMACHGLAS VON 1 LITER INHALT ────────────

1 ½ kg Zitronen | grobes Meersalz | 2 Knoblauchzehen | einige Thymianzweiglein

1 Einmachgläser im Wasser auskochen.

2 Die Hälfte der Zitronen auspressen. Die restlichen Früchte in Viertel teilen, aber nicht durchschneiden. Mit Meersalz füllen und in das Einmachglas schichten und pressen. Mit Zitronensaft bedecken. Knoblauch und Thymian beifügen. Glas verschließen. Reifezeit im Kühlschrank: 3–4 Wochen.

FRÜHLING

Früchte-Karotten-Brot

Ich starte am liebsten mit etwas Süßem in den Tag. Deshalb kam mir die Idee, süße Frühstücksbrote zu backen. Sie sind einem Kuchen sehr ähnlich, enthalten aber keinen Zucker. Die Süße kommt von den Datteln und dem Fruchtmark. Am besten schmeckt mir das Frühstücksbrot getoastet mit etwas Nussmus und Konfitüre. Das perfekte Frühstück für alle Schleckmäuler!

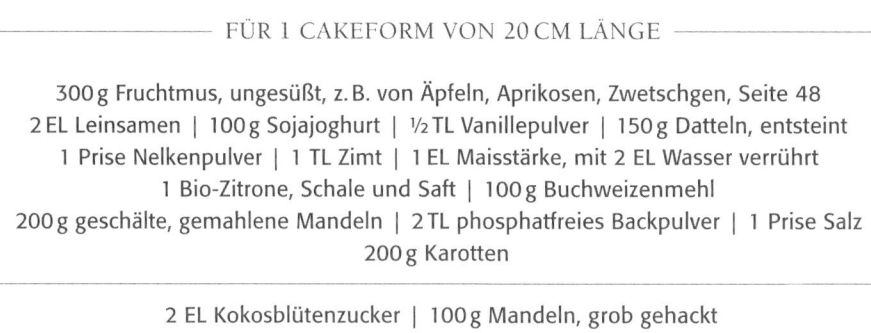

———————— FÜR 1 CAKEFORM VON 20 CM LÄNGE ————————

300 g Fruchtmus, ungesüßt, z. B. von Äpfeln, Aprikosen, Zwetschgen, Seite 48
2 EL Leinsamen | 100 g Sojajoghurt | ½ TL Vanillepulver | 150 g Datteln, entsteint
1 Prise Nelkenpulver | 1 TL Zimt | 1 EL Maisstärke, mit 2 EL Wasser verrührt
1 Bio-Zitrone, Schale und Saft | 100 g Buchweizenmehl
200 g geschälte, gemahlene Mandeln | 2 TL phosphatfreies Backpulver | 1 Prise Salz
200 g Karotten

2 EL Kokosblütenzucker | 100 g Mandeln, grob gehackt

1 Backofen auf 180 °C vorheizen. Cakeform mit Backpapier auskleiden.

2 Fruchtmus, Leinsamen, Sojajoghurt, Vanillepulver, Datteln, Nelken- und Zimtpulver, Maisstärke und Zitronensaft im Mixer zu einer geschmeidigen Masse verarbeiten.

3 Buchweizenmehl, Mandeln, Backpulver und Zitronenschale in einer Schüssel mischen. Karotten auf der Bircherraffel dazureiben und untermischen. Apfel-Dattel-Masse unterrühren. Der Teig soll homogen und relativ fest sein. Teig in die Form füllen. Kokosblütenzucker und Mandeln mischen und darüberstreuen.

4 Das Frühstücksbrot in der Mitte in den Ofen schieben und bei 180 °C 60 Minuten backen. Form nach halber Backzeit mit Alufolie zudecken, damit das Brot nicht zu dunkel wird.

HALTBARKEIT Das Brot ist einige Tage haltbar. Am besten bewahrt man es in einem Brotkasten auf. Nicht geeignet ist der Kühlschrank, weil die Kälte die Konsistenz negativ verändert.

Kräuteromelette

Ein würziges Frühstück nimmt meist etwas mehr Zeit in Anspruch. Die habe ich vor allem am Wochenende. Aus zwei Mahlzeiten wird dann eine. Einer meiner Favoriten für den «Brunch» ist die Omelette aus Kichererbsenmehl, die nach Belieben mit saisonalem Gemüse ergänzt werden kann. Richtig würzig wird die Omelette mit frischen Kräutern und meinem Lieblingsgewürz, dem Safran. Einfach köstlich!

──────────── FÜR 1 PERSON ────────────

OMELETTE

50 g Kichererbsenmehl | 1 TL phosphatfreies Backpulver | 1 Briefchen Safranpulver
1 dl/100 ml kohlensäurehaltiges Mineralwasser | ½ dl/50 ml Mandelmilch
½ TL Salz | 2 EL fein gehackte/fein geschnittene Kräuter, z. B. Minze, Petersilie, Dill,
Schnittlauch, Thymian, Bärlauch | 3 kleine Champignons, in Scheiben
1 kleine Handvoll Spinat

Kokosöl, zum Braten

3 Radieschen | frische Kräuter | 1 TL Tahin

1 Mehl, Backpulver, Safran Wasser, Mandelmilch und Salz zu einem glatten Teig rühren, Kräuter zugeben.

2 In einer Bratpfanne wenig Kokosöl auf mittlerer Stufe erhitzen, Teig zugeben. Nach 2 Minuten Pilze und Spinat auf eine Hälfte der Omelette verteilen und weitere 2 bis 3 Minuten braten, Omelette zusammenklappen und zugedeckt weiterbraten, bis sie fest ist.

3 Die Kräuteromelette anrichten, mit Radieschen, frischen Kräutern und Tahin garnieren.

WICHTIG Die Omelette bei schwacher Hitze braten, damit sie nicht verbrennt.

Spargel mit Tofu-Crumbles

Tofu-Crumbles und Omelette sind meine beiden Lieblinge für ein würziges Frühstück, wobei Crumbles bei mir auch zu anderen Tageszeiten hoch im Kurs stehen, und zwar das ganze Jahr. Besonders gut schmecken sie im Frühling mit frischem Spargel. Dazu eine Scheibe getoastetes Sauerteigbrot und schon ist das Sonntagsfrühstück perfekt.

―――――――――――― FÜR 2 PERSONEN ――――――――――――

200 g Grünspargel | Olivenöl | Salz | frisch gemahlener Pfeffer

TOFU-CRUMBLES
1 EL Kokosöl | 1 rote Zwiebel, fein gewürfelt | 200 g fester Tofu, in Stückchen gerissen
2 EL Mandelmilch oder Wasser | 1 TL getrockneter Knoblauch | ½ TL Salz
1 TL Curry | 100 g Seidentofu, leicht zerstampft

PESTO
2 EL Olivenöl | 1 EL fein gehackte Kräuter, z. B. Minze, Bärlauch, Koriander
1 kleine Chilischote, entkernt, fein gewürfelt

2 Scheiben Sauerteigbrot

1 Ofen auf 180 °C vorheizen.

2 Für den Pesto alle Zutaten verrühren.

3 Grünspargel auf ein mit Backpapier belegtes Blech legen, mit Olivenöl beträufeln und mit Salz und Pfeffer würzen. Im vorgeheizten Ofen bei 180 °C 15 Minuten backen. Die letzten 2 Minuten die Brotscheiben dazulegen und toasten.

4 Für die Crumbles Kokosöl in einer Bratpfanne erhitzen, Zwiebeln darin glasig dünsten. Tofu beifügen und etwa 5 Minuten auf mittlerer Stufe braten. Mandelmilch, Knoblauch, Salz und Curry mischen und mit dem Seidentofu in die Pfanne geben und weitere 2 Minuten braten.

5 Tofu-Crumbles auf den gerösteten Brotscheiben anrichten, Grünspargel dazulegen. Mit Pesto garnieren.

TIPP Den Spargeltoast genießt man als Brunch, Mittag- oder Abendessen.

Karotten-Meerrettich-Dip

Ich liebe Dips. Es gibt so viele Möglichkeiten, und er ist im Nu zubereitet. Die Idee für diesen Dip habe ich von meiner Schwester, die ihn in einem Restaurant kosten konnte.

--- FÜR 2 PERSONEN ---

200 g kleine weiße Bohnen (Cannellini), gekocht | 300 g Karotten | 1 TL Salz
1 TL Olivenöl | 3 EL Sonnenblumenkerne | 2 EL frisch geriebener Meerrettich
1 dl/100 ml Wasser | ½ TL Kreuzkümmelsamen | 1 Zitrone, Saft | 3 Datteln, entsteint

Olivenöl | Sonnenblumenkerne

1 Backofen auf 180 °C vorheizen.

2 Karotten in 1 cm dicke Scheiben schneiden (Karotten aus konventionellem Anbau schälen). Karottenscheiben mit Olivenöl und Salz marinieren, auf ein mit Backpapier belegtes Blech verteilen. Im Ofen bei 180 °C 30 Minuten backen.

3 Sonnenblumenkerne in einer Bratpfanne ohne Fett rösten.

4 Alle Zutaten zu einer feinen Paste mixen. In ein Schüsselchen füllen, mit Olivenöl und Sonnenblumenkernen garnieren.

SERVIERVORSCHLAG Passt zu rohem und gebackenem Gemüse und eignet sich als Brotaufstrich.

VARIANTE Die kleinen weißen Bohnen können durch Kichererbsen ersetzt werden. Der Dip schmeckt genauso gut.

Marktsalat

Ich liebe es, am Freitagmorgen auf den Markt zu gehen. Hier finde ich wunderbare Frischprodukte, die im Supermarkt selten zu finden sind. Diesen Salat hat das Marktangebot komponiert. Gut dazu passt das Knoblauch-Sauerteigbrot, das perfekt mit dem leicht säuerlichen Tahina-Dressing harmoniert.

FÜR 2 PERSONEN
---

2 Scheiben Roggensauerteigbrot | 1 Knoblauchzehe, trocken gebraten | Olivenöl

---

50 g Buchweizen | 50 g Löwenzahn | 50 g violetter Babylattich, in die Blätter zerlegt
einige Radieschen, halbiert | 200 g Grünspargel
4 Frühlingszwiebeln, in feinen Scheiben | 1 Bund Minze, in feinen Streifen
½ Salzzitrone, in feinen Spalten

DRESSING
1 EL Olivenöl | 1 EL weißer Balsamico | 1 TL Salz | 1 EL Tahin
1 TL Dattelsirup | 1 EL Wasser | 1 Bio-Zitrone, ½ TL Schale | 1 EL Kapern, fein gehackt
frisch gemahlener Pfeffer

Gänseblümchen, für die Garnitur

---

1 Buchweizen ohne Salz in der doppelten Menge Wasser 20 Minuten kochen, in ein feinmaschiges Sieb abgießen und mit kaltem Wasser abschrecken, nach Belieben salzen.

2 Für das Dressing alle Zutaten in ein Glas füllen, gut schütteln und beiseitestellen.

3 Die Hälfte des Grünspargels in 5 cm lange Stücke schneiden, im Dampf knackig garen, in ein Sieb abgießen und mit kaltem Wasser abschrecken.

4 Restlichen Grünspargel mit dem Sparschäler in Längsrichtung in Streifen hobeln.

5 Knoblauch auf den Brotscheiben verstreichen und in der Bratpfanne in wenig Olivenöl bei mittlerer Hitze kurz braten. Wer einen Toaster hat, kann die Brotscheiben auch toasten und danach mit etwas Olivenöl bepinseln.

6 Alle Zutaten für den Salat in einer Schüssel mischen und mit dem Dressing vermengen. Mit Knoblauchbrot servieren.

Randengnocchi mit Ofengemüse

Hausgemachte Gnocchi bereite ich gerne für Gäste zu. Eigentlich ist das Rezept super-einfach, die Bekochten sind aber jedes Mal verblüfft. Für eine frühlingshafte Variante serviere ich sie mit gebackenen Radieschen, die im Ofen ihren Geschmack neu erfinden und zusammen mit dem Minzepesto einfach göttlich schmecken.

———————————————— FÜR 2 PERSONEN ALS MAHLZEIT ————————————————

GNOCCHI
400–450 g gekochte Schalenkartoffeln | 1 kleine Rande/Rote Bete, gekocht und püriert
1 ½ TL Salz | 100 g Dinkelweißmehl

ROTES OFENGEMÜSE
1 Bund Radieschen | 1 Rande/Rote Bete, roh | 1 TL Olivenöl | 1 TL weißer Balsamico
1 TL Salz | ½ TL Harissa | 1 TL Kokosblütenzucker | ½ Vanilleschote

PESTO
1 Bund Minze, ca. 20 g, Blättchen abgestreift
2 EL Mandeln, geröstet und geschält, zerkleinert | 1 TL Salz | 1 TL Miso | 2 EL Olivenöl
2 EL Hefeflocken | 2 EL Wasser | 1 Bio-Zitrone, Saft und Schale

1 Kartoffeln schälen und in einer Schüssel mit dem Kartoffelstampfer zerdrücken oder auf der Bircherraffel in die Schüssel reiben. Kartoffeln nicht pürieren (macht die Masse klebrig). Randenpüree und Salz unterrühren. So viel Mehl zugeben, dass ein fester Teig entsteht (die Mehlmenge ist abhängig von der Größe der Rande). Aus dem Teig 15 mm dicke Rollen formen und diese in 1 cm lange Stücke schneiden.

2 Backofen auf 180 °C vorheizen.

3 Radieschenstiele auf 1 cm kürzen und Radieschen halbieren. Randen in 5 mm dicke Scheiben schneiden. Radieschen und Randen auf ein mit Backpapier belegtes Blech verteilen. Olivenöl, Balsamico, Salz, Harissa, Kokosblütenzucker und abge-streiftes Vanillemark verrühren, über das Gemüse verteilen. Im Ofen bei 180 °C 30 Minuten backen.

4 Zutaten für den Pesto mixen.

5 Reichlich Salzwasser aufkochen. Gnocchi portionsweise in die Pfanne geben und an die Oberfläche steigen lassen. Mit einem Schaumlöffel herausnehmen und in eine Schüssel füllen, mit wenig Olivenöl mischen. Gnocchi in einer Bratpfanne in wenig Olivenöl braten.

6 Gnocchi und Gemüse anrichten. Pesto separat servieren.

TIPP Radieschengrün nicht wegwerfen. Es eignet sich wunderbar für Salate (siehe Seite 102).

Gurken-Grünkern-Salat

Die Gurke möchte ich nicht missen. Sie ist eines meiner Lieblingsgemüse. Meine Freude ist groß, wenn sie aus der Region Ende Frühling wieder auf den Markt kommt. Richtig gut passen die knackigen Gurken zu Grünkern, Erdbeeren und Karotten.

―――――――――― FÜR 2 PERSONEN ――――――――――

6 Minigurken oder 1 große Gurke | 100 g gekochter Grünkern | 200 g Erdbeeren
2 Karotten, in dünnen Scheiben | 2 Frühlingszwiebeln, in dünnen Scheiben
2 EL gemischte Sesamsamen

DRESSING
1 Limette, Saft | 1 TL Sojasauce | 1 EL Sesamöl | ½ TL Salz

1 Dressing zubereiten.

2 Gurke(n) mit Sparschäler in Längsrichtung in feine Scheiben schneiden. Erdbeeren je nach Größe halbieren, vierteln oder in Scheiben schneiden.

3 Sesamsamen in einer Bratpfanne trocken rösten, auskühlen lassen.

4 Alle Zutaten mit dem Dressing mischen.

TIPP Der Salat eignet sich als leichtes Mittagessen oder als Beilage.

Pfannengerührtes Gemüse

Die asiatische Küche fasziniert mich. Wie freute ich mich als Kind auf eine Stir-fry-Mahlzeit (pfannengerührt). Mehr zu «pfannengerührt» habe ich in meiner Gastfamilie in Australien gelernt. Wichtig ist in jedem Fall die Sauce. Sie darf nicht zu salzig sein, sie soll eine leichte Süße haben und das Gemüse nicht mit einem allzu intensiven Geschmack übertönen.

──────────────── FÜR 2 PERSONEN ────────────────

2 EL Kokosöl | 1 Knoblauchzehe, in Scheiben | 1 cm frischer Ingwer, fein gewürfelt
1 kleine grüne Chilischote, klein gewürfelt | 1 große rote Zwiebel, in Streifen
200 g Grünspargel, geviertelt | 100 g Rotkabis/-kohl, in feinen Streifen
1 Pak Choi, in die Blätter zerlegt

SAUCE
2 EL Sojasauce | 1 EL Reisessig | 1 EL Cashewmus | 1 EL Dattelsirup

40 g Cashewnüsse, geröstet

1 Kokosöl im Wok oder in der Bratpfanne erhitzen, Knoblauch, Ingwer und Chili zugeben und 2 Minuten rührbraten. Zwiebeln beifügen und auf mittlerer Stufe 2 bis 3 Minuten rührbraten. Spargel und Rotkabis unterrühren und weitere 3 Minuten rührbraten. Pak Choi darauflegen und 3 Minuten dünsten; sobald er zusammengefallen ist, unter das Gemüse mischen. Sauce unterrühren.

2 Gemüse anrichten und mit Cashewnüssen garnieren.

TIPP Mit Reis oder Reisnudeln servieren.

Blattsalat mit Radieschen und Croûtons

Gebacken sind die Radieschen geschmacklich kaum wiederzuerkennen. Sie verlieren ihre leichte Schärfe und sind plötzlich süß und leicht fruchtig. Nie hätte ich gedacht, dass sie so gut schmecken. Mich fasziniert ihre Verwandlung.

—————————————— FÜR 2 PERSONEN ——————————————

1 Bund Dill | 50 g Rucola | 50 g Schnittsalat | Radieschengrün

TOFU

80 g Räuchertofu, in 5 mm dicken Scheiben | 1 TL Olivenöl | 1 EL Balsamico
1 TL Kokosblütenzucker | ½ TL Salz

RADIESCHEN

1 Bund Radieschen, Grün abgeschnitten | 1 TL Olivenöl | 1 EL gehackte Pistazien
2 EL Hefeflocken

DRESSING

1 TL Olivenöl | 1 EL weißer Balsamico | 1 TL Dijonsenf | 2 EL Sojajoghurt
1 Zitrone, 1 TL abgeriebene Schale | 1 TL Salz

1 Backofen auf 180 °C vorheizen.

2 Tofu mit Olivenöl, Balsamico, Kokosblütenzucker und Salz mischen, 30 Minuten marinieren.

3 Radieschen halbieren. Mit Olivenöl, Pistazien und Hefeflocken mischen, mit Salz abschmecken. Auf ein mit Backpapier belegtes Blech legen. Tofuscheiben ebenfalls auf das Backpapier legen. Bei 180 °C 15 Minuten backen.

4 Rucola, Dill, Schnittsalat und Radieschenblätter auf Teller verteilen. Gebratenen Tofu und Radieschen darauflegen. Mit dem Dressing beträufeln.

Karotten-Frites
mit Joghurt-Zitronen-Dip

Frites müssen nicht immer aus Kartoffeln sein, auch das Salz ist nicht obligatorisch und schon gar nicht das Ketchup. Die Karotten sind orientalisch gewürzt. Dazu gibt es einen kräftigen Joghurtdip. Eine coole Kombination, die dem Original echt Konkurrenz macht.

FÜR 2 PERSONEN
---

3 große Karotten | 2 TL Kokosöl | 1 TL Harissa
reichlich gehackte glattblättrige Petersilie | Meersalz

JOGHURT-DIP
100 g Sojajoghurt | 1 EL Tahin | 1 TL Zatar | ¼ TL Salz
1 EL gehackte glattblättrige Petersilie | 1 Bio-Zitrone, Schale und 1 EL Saft

---

1 Backofen auf 180 °C vorheizen.

2 Karotten in Stäbchen schneiden, mit Kokosöl und Harissa marinieren. Auf ein mit Backpapier belegtes Blech legen und im Ofen bei 180 °C 30 Minuten backen.

3 Für den Dip Joghurt, Tahin, Zatar, Salz, Petersilie und Zitronensaft gut verrühren.

4 Karotten-Pommes in einer Schüssel mit Petersilie und Salz mischen. Mit dem Dip servieren.

Sushi-Bowl

Meine Mitbewohnerin ist auch meine kritische Testesserin. Wir beide lieben Sushi über alles. Selbstgemachte Sushi-Bowls gibt es deshalb öfters. Das mühsame Rollen von Reisblättern entfällt in diesem Rezept. Trotzdem bleibt das Sushi-Vergnügen in Takt, auch der vertraute Geschmack bleibt erhalten.

―――――――――― FÜR 2 PERSONEN ――――――――――

REIS
100 g schwarzer Reis (Riso Venere) | 2 TL Reisessig | 1 TL Salz

100 g Grünspargel, in Längsstreifen (Sparschäler) | einige Radieschen, in feinen Scheiben
2 TL eingelegter Ingwer | wenig Rotkabis-/kohl, in feinen Streifen
2 Snackgurken, in feinen Scheiben | 1 Frühlingszwiebel, in feinen Scheiben
2 kleine Karotten, in zündholzdicken Stäbchen

200 g fester Tofu, gewürfelt | 2 kleine gekochte Randen/Rote Beten, gewürfelt
1 Frühlingszwiebel, klein gewürfelt | 1 EL Nori-Flocken
1 kleine rote Zwiebel, klein gewürfelt | 1 EL schwarze Sesamsamen

MARINADE
2 EL Sojasauce | 1 TL Reisessig | 1 TL Sesamöl | ½ TL Sriracha (Chilisauce)

1 Schwarzen Reis in der doppelten Menge Wasser bei schwacher Hitze 40 Minuten köcheln lassen. Mit Salz und Reisessig würzen.

2 Tofu- und Randenwürfelchen, Frühlingszwiebeln, Nori-Flocken, Zwiebeln und Sesamsamen mit der Marinade mischen. 30 Minuten marinieren.

3 Alle Zutaten auf zwei Schalen verteilen.

TIPP Das Gemüse nach Belieben mit Sojasauce abschmecken. Am besten schmeckt die Bowl, wenn man alles mischt.

VARIANTEN Nori-Flocken durch 1 bis 2 Nori-Blätter ersetzen. Beim Gemüse kann man je nach Angebot variieren.

Polentatarte mit Spargel und Artischocken

Die Polenta eignet sich bestens als Tarteboden.

POLENTA
½ l Wasser | 100 g 2-Minuten-Maisgrieß | 50 g Spinat, fein gehackt
4 EL Hefeflocken | 1 TL Olivenöl | 1 TL Salz

100 g Grünspargel | 30 g Haselnüsse, gemahlen | 1 TL Olivenöl | ½ TL Salz
4 Baby-Artischocken

GUSS
150 g Seidentofu | ½ TL Salz | 1 dl/100 ml Wasser | 1 EL Maisstärke
¼ TL getrockneter Knoblauch | ½ TL Kala Namak | ¼ TL Kurkuma | 2 EL Hefeflocken

SALSA
1 TL Olivenöl | ½ TL Apfelessig | ½ TL Salz | 1 Bund Radieschen, fein gewürfelt
1 kleine Zwiebel, klein gewürfelt

1 Für die Polenta Wasser aufkochen und Maisgrieß einrieseln lassen, unter Rühren 2 Minuten köcheln lassen. Pfanne vom Kochfeld nehmen. Restliche Zutaten unter die Polenta rühren. Die Polenta in die eingeölte Form füllen und einen kleinen Rand hochziehen.

2 Den Backofen auf 180 °C vorheizen.

3 Zutaten für den Guss sämig mixen. Auf den Polentaboden verteilen.

4 Grünspargel frisch anschneiden, unteres Drittel eventuell schälen, Spargelspitze abschneiden und restlilchen Spargel in 1 bis 2 cm lange Stücke schneiden. Bei den Artischocken die äußeren Blätter entfernen und die Blumen halbieren.

5 Spargel und Artischocken (Schnittfläche nach oben) auf den Polentaboden verteilen. Haselnüsse, Salz und Olivenöl mischen und auf dem Gemüse verteilen.

6 Tarte in der Mitte in den Ofen schieben und bei 180 °C 25 Minuten backen.

7 Salsa zubereiten und separat servieren.

TIPPS Die Tarte schmeckt warm und kalt. | Mit einem grünen Salat servieren. | Kala-Namak-Salz hat einen eiähnlichen Geschmack. Es kann durch normales Salz ersetzt werden.

Blumenkohl auf Rotweingemüse

Ein gebackener Blumenkohl muss eine fade Sache sein?! Da lag ich falsch. Richtig zubereitet darf man ihn sogar mit gutem gewissen Gästen servieren. Das Geheimnis liegt in den verschiedenen Aromen, die der Blumenkohl beim Kochen und Backen aufnimmt. Ein echtes Highlight.

─────────── FÜR 2 PERSONEN ───────────

1 kleiner Blumenkohl, Hüllblätter entfernt | einige Salbeiblätter
einige Thymianzweiglein | 2 Knoblauchzehen | 1 TL Salz | 1 TL Miso

MARINADE
2 EL Olivenöl | 2 EL Wasser | 1 TL Salz
80 g Rucola, grob geschnitten | 3 zerdrückte schwarze Pfefferkörner
2 Knoblauchzehen, in Scheiben

GEMÜSE
2 Rosmarinzweige | einige Thymianzweiglein
200–300 g Frühkartoffeln, längs halbiert | 300–400 g Karotten, längs halbiert
2 rote Schalotten, halbiert | 1 TL Salz | 1 EL Olivenöl | 2 dl/200 ml Rotwein

SAUCE
1 EL Olivenöl | 2 Schalotten, in Streifen | 1 dl/100 ml Rotwein
2 Thymianzweiglein | 2 dl/200 ml Wasser | ½ TL Salz | 1 TL Cashewmus

Rucola

1 Blumenkohl in einem großen Topf mit Wasser bedecken, übrige Zutaten zugeben, aufkochen, Gemüse 10 Minuten bei schwacher Hitze kochen.

2 Backofen auf 180 °C vorheizen.

3 Für die Marinade Öl, Salz, Wasser und Rucola mixen, Pfeffer und Knoblauch untermischen.

4 Kartoffeln und Gemüse in eine Gratinform verteilen und mit Salz und Olivenöl würzen. Rotwein darübergießen, Kräuter dazugeben. Blumenkohl auf das Gemüse setzen, Marinade langsam darübergießen. Im vorgeheizten Ofen bei 180 °C rund 45 Minuten backen.

5 Für die Sauce Schalotten im Olivenöl andünsten. Rotwein, Thymian und Wasser beifügen, 10 Minuten köcheln lassen, mit Salz, Pfeffer und Cashewmus abschmecken.

6 Den Rucola auf die Teller verteilen. Blumenkohl vierteln und daraufsetzen, mit Kartoffeln und Gemüse umgeben, Sauce darüberträufeln.

Orientalischer Eintopf
mit Kräuterfladenbrot

Der Star bei dieser Mahlzeit ist eindeutig das Fladenbrot. Meine Schwester ist eine meiner härtesten Kritikerinnen in Sachen Essen. Dieses Fladenbrot bringt sie ins Schwärmen.

FÜR 2 PERSONEN

2 EL Olivenöl | 1 Schalotte, klein gewürfelt | 1 kleiner Lauch, in Streifchen
1 TL Kreuzkümmelsamen | 1 TL Paprika | 1 TL Harissa
½ TL Zimtpulver | 60 g israelischer Couscous | 140 g Kichererbsen, gekocht
6 getrocknete Aprikosen, in Streifen | 1 Bio-Blutorange, Schale und Saft
2 EL gehackte Minze | 50 g kleinblättriger Spinat | 1 TL Salz
10 Artischockenböden, aus Glas/Dose | Minze, für die Garnitur
Orangenjuliennes (feine Streifchen von Orangenschale)

FLADENBROT
120 g Dinkelweißmehl | 1 TL Kreuzkümmel | 1 TL Salz | 1 TL Backpulver
1 EL Olivenöl | 100 g Sojajoghurt
2 EL fein gehackte Kräuter, z. B. Koriander, Petersilie, Minze | 1 TL Olivenöl

1 In einer Pfanne Schalotten und Lauch andünsten, Kreuzkümmel, Harissa, Zimt und Paprika kurz mitdünsten, Couscous, Orangensaft und Orangenschale beifügen, mit ½ l Wasser auffüllen, Minze zugeben, 15 Minuten köcheln lassen. Kichererbsen und Aprikosen zugeben, 10 Minuten köcheln lassen, Spinat zugeben und zusammenfallen lassen. Artischocken zufügen, nochmals erhitzen.

2 Für das Fladenbrot Mehl, Kreuzkümmel, Salz und Backpulver mischen, Olivenöl und Joghurt verrühren und zugeben, zu einem geschmeidigen Teig kneten.

3 Olivenöl und Kräuter verrühren.

4 Teig in 4 Portionen teilen und auf bemehlter Arbeitsfläche dünne Fladen ausrollen. In einer Bratpfanne ohne Fett bei mittlerer Stufe beidseitig je 2 Minuten braten. Mit Kräuteröl bestreichen. Zum Eintopf servieren.

5 Den Eintopf mit frischer Minze und Orangenschale garnieren.

VARIANTE Den grobkörnigen israelischen Couscous durch den handelsüblichen Couscous ersetzen.

Kohlrabi-Fenchel-Apfel-Suppe

Die Suppe passt wunderbar in den Frühling. Der erfrischende Geschmack kommt von den eingelegten Zitronen. Ras El Hanout und Kreuzkümmel geben dem Süppchen einen orientalischen Touch.

─────────── FÜR 2 PERSONEN ───────────

1 EL Olivenöl | 1 Schalotte, klein gewürfelt
1 TL Kreuzkümmelsamen | 1 großer Fenchel, gewürfelt | 1 Kohlrabi, gewürfelt
1 grüner Apfel, ungeschält, gewürfelt | ¼ Salzzitrone, Seite 82, in Stückchen
10 g Minze, Blättchen abgezupft und gehackt | 1 TL Ras El Hanout | 7 dl/700 ml Wasser
1 Handvoll Spinat | Salz

1 EL gehackte Pistazien | Olivenöl | ½ Apfel, ungeschält, in Schnitzen
Ras el Hanout | Minzeblättchen, in Streifen

1 Schalotten im Olivenöl andünsten, Kreuzkümmel mitdünsten, Gemüse und Äpfel 5 Minuten mitdünsten. Salzzitrone, Minze, Salz und Ras el Hanout beifügen, mit Wasser auffüllen, Spinat beifügen. Suppe aufkochen und köcheln lassen, bis das Gemüse weich ist. Suppe pürieren, eventuell mit Salz nachwürzen.

2 Die Suppe anrichten, mit Olivenöl, Apfelschnitzen, Ras el Hanout und Minze garnieren.

TIPP Mit Sauerteigbrot servieren.

Spargel-Buddha-Bowl

Es darf nach Belieben kombiniert werden. Je mehr Gewürze im Spiel sind, desto größer ist das Geschmackserlebnis. In der Frühlings-Buddha-Bowl hat es zarten Grünspargel und erntefrische Karotten.

FÜR 2 PERSONEN

TOFU
100 g fester Tofu, in 1 cm dicken Scheiben | 1 EL Olivenöl
1 EL Balsamico | 1 TL getrockneter Oregano | ½ TL Salz
1 Bio-Zitrone, abgeriebene Schale | 5 schwarze Oliven, entsteint, fein gehackt
½ Bund Petersilie, Blättchen abgezupft und fein gehackt
1 Knoblauchzehe, fein gewürfelt | 2 getrocknete Tomaten, in Streifen

SPARGEL
150 g grüner Spargel | 2 TL Olivenöl | 1 TL Salz | 2 EL Hefeflocken

BUCHWEIZEN
100 g Buchweizen | 1 Bund Basilikum, Blättchen abgezupft und fein geschnitten
1 EL Hefeflocken | 1 Knoblauchzehe, fein gewürfelt | ½ TL Salz

ROSMARINMANDELN
30 g Mandeln | 1 TL Olivenöl | 1 TL getrockneter Rosmarin | 1 TL grobes Meersalz

2 Handvoll Portulak | 1 Bund erntefrische Karotten, in Streifen (Sparschäler) | Basilikum

1 Tofu mit allen Zutaten mischen und 1 Stunde marinieren.

2 Backofen auf 180 °C vorheizen.

3 Buchweizen in 2½ dl Wasser aufkochen, etwa, 20 Minuten köcheln, bis der Buchweizen weich ist, in ein Sieb abgießen und mit kaltem Wasser abspülen. Alle Zutaten mischen.

4 Das Ende des Grünspargels frisch anschneiden, unteres Drittel eventuell schälen, auf mit Backpapier belegtes Blech legen. Mit Olivenöl, Salz und Hefeflocken würzen.

5 Mandeln mit Olivenöl, Rosmarin und Salz würzen, zum Spargel geben.

6 Spargel und Mandeln bei 180 °C 15 Minuten backen.

7 Portulak auf Bowls verteilen. Buchweizen, Spargel und Karotten darauf anrichten. Tofu mit einer Gabel krümelig verstoßen und mit Mandeln darüberstreuen. Mit Basilikum garnieren.

TIPP Buchweizen vor dem Anrichten erwärmen.

Gefüllte Bärlauchküchlein

Das würzige Kraut gehört für mich zum Frühling wie die Hitze zum Sommer und der Schnee zum Winter. Es ist ein Erlebnis, wenn man im frühen Frühling durch den Wald streift und plötzlich den intensiven Bärlauchgeruch in der Nase hat. Ich kombiniere Bärlauch gerne mit geschmacksneutralen Lebensmitteln wie Kartoffeln und Pasta. So kommt der leicht scharfe, würzige Geschmack am besten zur Geltung.

FÜR 2 PERSONEN

KÜCHLEIN

400 g gekochte Schalenkartoffeln | 40 g Hafermehl | 100 g Buchweizenmehl
1 TL Salz | 40 g Bärlauch, fein gehackt

FÜLLUNG

1 EL Olivenöl | 1 kleine Schalotte, klein gewürfelt | 50 g Champignons, klein gewürfelt
50 g Tofu, klein gewürfelt | 3 EL Hefeflocken | ¼ TL Miso | ¼ TL Salz

---

PANADE

3 EL Buchweizenmehl | 1 dl/100 ml Mandelmilch | 4 EL gemahlene Mandeln
Salz | frisch gemahlener Pfeffer

HANFSAMENDIP

1 EL Olivenöl | 4 EL Hanfsamen, geschält | 2 EL Wasser | 1 Bio-Zitrone, Schale
¼ TL Paprika | Salz

---

1 Die gekochten Schalenkartoffeln schälen und mit einem Kartoffelstampfer verstampfen, restliche Zutaten unterrühren, zu einem Teig kneten.

2 Für die Füllung Schalotten, Tofu und Pilze in einer Bratpfanne im Olivenöl 5 Minuten braten, mit Hefeflocken, Salz und Miso würzen.

3 Kartoffelteig in 8 Portionen teilen und Bällchen formen, flach drücken. Füllung auf vier Plätzchen verteilen, mit einem Plätzchen zudecken, Enden gut zusammendrücken und verschließen.

4 Backofen auf 180 °C vorheizen.

5 Bärlauchküchlein zuerst im Buchweizenmehl, dann in der Mandelmilch und zum Schluss in den gewürzten geriebenen Mandeln wenden und panieren.

6 Bärlauchküchlein in einer Bratpfanne im Olivenöl bei mittlerer Hitze 3 Minuten braten. Dann im Ofen bei 180 °C weitere 20 Minuten backen.

7 Für den Dip alle Zutaten fein mixen, mit Salz abrunden.

TIPP Mit einem grünen Salat servieren.

Erdbeer-Trifle

Dieses Dessert hat eine dezente Süße und ist angenehm frisch und fruchtig.

————— FÜR 4 PORTIONEN —————

BODEN
40 g Haferflocken | 40 g Datteln | ½ Vanilleschote | 1 EL Mandelmus
1 Bio-Zitrone, abgeriebene Schale | 1 Prise Salz

CREME
1 dl/100 ml Mandelmilch | 2 EL Holunderblütensirup
½ Vanilleschote, aufgeschnitten | 1 g Agar-Agar-Pulver (Reformhaus)
150 g Kokosjoghurt

200 g Erdbeeren | 1 EL Holunderblütensirup

1 Für den Boden die Zutaten mit dem Mixer zu einer teigähnlichen Masse verarbeiten und auf vier kleine Gläser verteilen.

2 Für die Creme Mandelmilch mit Holunderblütensirup und abgestreiftem Vanillemark aufkochen, Agar-Agar mit 1 EL Wasser verrühren und unterrühren, nochmals erhitzen, lauwarm abkühlen lassen, Kokosjoghurt unterrühren. Auf die Gläser verteilen. Kühl stellen.

3 Erdbeeren in Scheiben schneiden und mit dem Holunderblütensirup mischen. Zur Creme geben.

Rhabarber-Mandel-«TarteTatin»

Wie freute ich mich als Kind jeden Frühling auf den Rhabarber. Um meinen Geburtstag neigt sich die Saison dem Ende zu. Das war jeweils ein trauriger Moment. Aber die nächste Saison kam ja immer wieder.

─────────── FÜR EINE SPRINGFORM VON 22 CM DURCHMESSER ───────────

TEIG

100 g Marzipan | 120 g Kokosblütenzucker | 1,8 dl/180 ml Mandelmilch
1 TL Apfelessig | 100 g Sojajoghurt | 120 g Mandelmus
½ Vanilleschote, aufgeschnitten | 1 EL Johannisbrotkernmehl | 50 g gemahlene Mandeln
100 g Dinkelweißmehl | 1 TL Backpulver | 1 Prise Salz

RHABARBER

500 g Rhabarber, in 5 cm langen Stücken | 40 g Agavensirup | 1 dl/100 ml Wasser
½ Vanilleschote, aufgeschnitten

1 Backofen auf 180 °C vorheizen. Boden der Springform mit Backpapier belegen. Rand einfetten.

2 Marzipan, Kokosblütenzucker, Mandelmilch, Apfelessig, Joghurt, Mandelmus, abgestreiftes Vanillemark und Johannisbrotkernmehl zu einer cremigen Masse mixen. Mehl, Mandeln, Salz und Backpulver mischen und zur Marzipanmasse geben, zu einem glatten Teig verarbeiten.

3 Rhabarber mit Agavensirup, Wasser, abgestreiftem Vanillemark und Vanilleschote 5 Minuten köcheln lassen. Rhabarber herausnehmen. Sirup nochmals aufkochen, Vanilleschote entfernen. In die Form gießen.

4 Erkaltete Rhabarberstücke auf den Boden der Springform legen, Teig darüber verteilen.

5 Tarte Tatin auf der zweituntersten Schiene in den Ofen schieben und bei 180 °C 45 Minuten backen. Kuchen vor dem Stürzen mindestens 30 Minuten auskühlen lassen.

Ingwer-Rhabarber mit Crumbles

Rhabarber und Erdbeeren sind die Frühlingsboten für süße Speisen. Beide werden je länger, je mehr auch in der salzigen Küche eingesetzt.

──────── FÜR 4 PORTIONEN ────────

KOMPOTT
400 g roter Rhabarber, in 5 cm langen Stücken | 1 Vanilleschote, aufgeschnitten
1 EL fein gewürfelter Ingwer | 2 EL Kokosblütenzucker

CRUMBLES
40 g Mandeln, gemahlen | 40 g Haferflocken | 1 EL Kokosblütenzucker
1 EL Ahornsirup | 1 EL Mandelmus | ½ TL Zimtpulver

200 g Sojajoghurt | ½ Vanilleschote, aufgeschnitten

1 Backofen auf 180 °C vorheizen.

2 Rhabarber mit abgestreiftem Vanillemark, Ingwer und Kokosblütenzucker mischen und in zwei kleine oder eine größere Gratinform füllen.

3 Für die Crumbles alle Zutaten in einer kleinen Schüssel zu einer Masse verkneten. Gleichmäßig über den Rhabarber verteilen

4 Rhabarber im vorgeheizten Ofen bei 180 °C 20 Minuten backen.

5 Sojajoghurt mit abgestreiftem Vanillemark aromatisieren.

6 Rhabarber warm servieren. Joghurt separat dazu reichen.

TIPP Gut dazu passt auch eine Vanilleglace.

RHABARBER Es gibt drei Sorten. Den höchsten Säureanteil hat grünfleischiger Rhabarber mit mehrheitlich grüner Haut. Schon etwas milder ist grünfleischiger Rhabarber mit roter Haut und am mildesten ist rotfleischiger Rabarber mit roter Haut.

SOMMER

Smoothies – pink, orange, grün

Im Sommer ist der Smoothie ein perfektes Frühstück. Er funktioniert aber auch als Snack und Dessert. Die fruchtigen Drinks sind nicht nur erfrischend, sie schmecken auch unglaublich lecker. Und mit den richtigen Zutaten sind sie sehr gesund. Wichtig ist, dass sie nebst Früchten, Gemüse und Kräutern auch Eiweiß und Fett enthalten. So machen sie auch richtig satt. Ich verwende dafür gerne Leinsamen, Hanfsamen, Nussmus und Seidentofu.

―――――――――― FÜR 1 GLAS ――――――――――

ORANGER SMOOTHIE – THE CREAMY GINGER
2 dl/200 ml Mandelmilch | 50 g Kokosjoghurt | 1 TL Agavensirup, nach Belieben
2 Aprikosen, halbiert, entsteint, Hälften grob zerkleinert
1 Pfirsich, halbiert, entsteint, Hälften grob zerkleinert | 1 TL Mandelmus
1 TL frisch geriebener Ingwer | 1 Handvoll Eiswürfel
Aprikosenschnitze und Kokosraspel, für die Garnitur

PINK SMOOTHIE – THE BERRY BLISS
1 dl/100 ml Mandelmilch | 1 Zitrone, Schale und Saft | 1 TL Agavensirup, nach Belieben
100 g Erdbeeren | 100 g Himbeeren | 100 g Seidentofu
1 EL Leinsamen, geschrotet | 1 Handvoll Eiswürfel | Erdbeeren, für die Garnitur

GRÜNER SMOOTHIE – THE MEAN GREEN
1 dl/100 ml Mandelmilch | 1½ dl/50 ml Kokosmilch | ½ Limette, Saft
½ Galiamelone, halbiert, entkernt, geschält, gewürfelt | 1 große Handvoll
kleinblättriger Spinat | 3 Datteln, Stielansatz entfernt, entsteint
1 Handvoll Eiswürfel | 1 EL Hanfsamen
Hanfsamen, für die Garnitur

1 Alle Zutaten in den Blender/das Mixerglas geben und sämig mixen.

2 Smoothie in ein Glas gießen und gleich genießen, denn kalt schmeckt er am besten.

TIPPS FÜR EINEN PERFEKTEN SMOOTHIE

1 Smoothie richtig schichten. Zuerst flüssige Zutaten, dann weiche Zutaten wie Grünzeug, Nussmus und frische Früchte beifügen und zum Schluss Eis, Nüsse, Samen oder gefrorene Früchte dazugeben.

2 Für eine noch cremigere Konsistenz die Früchte am Vorabend einfrieren.

3 Die Smoothies können in einem gut schließenden Glas problemlos transportiert werden. Sie können aber auch zu Hause als Smoothie-Bowl genossen werden.

Sommerbirchermüesli

Im Sommer habe ich am liebsten ein kühles, erfrischendes Frühstück. Wenn es nicht ein Smoothie ist, mache ich am Vorabend ein Müesli mit Obst oder Beeren. Frisch geriebener Ingwer und etwas Zitronenschale geben ihm ein spezielles Aroma.

100 g Himbeeren | 4 Erdbeeren | 30 g Haferflocken | 1 EL Leinsamen
1 EL Hanfsamen | 100 g Sojajoghurt | etwas Vanillepulver
½ Bio-Zitrone, Schale und Saft | 5 mm Ingwer, gerieben | 1 dl / 100 ml Mandelmilch

1 TL Agavensirup

1 Die Hälfte der Himbeeren mit einer Gabel leicht zerdrücken, die Hälfte der Erdbeeren klein würfeln und dazugeben. Haferflocken, Lein- und Hanfsamen, Sojajoghurt, Vanille, Zitronenschale und -saft, Ingwer und Mandelmilch beifügen und verrühren. Am besten über Nacht im Kühlschrank ziehen lassen.

2 Vor dem Genießen mit restlichen Beeren und Agavensirup garnieren.

Blaubeerjoghurt
mit Zitronengranola

Blaubeeren, Zitronenschale und Mohnsamen mögen sich. Der Geschmack ist einfach himmlisch. Ein ideales Frühstück und ein super Start in den Tag.

FÜR DEN VORRAT

ZITRONENGRANOLA
70 g Haferflocken | 50 g gemahlene Mandeln | 1 EL Mandelmus
1 Bio-Zitrone, abgeriebene Schale | 1 Prise Salz | ½ Vanilleschote, Mark abgestreift
70 g engsteinte Datteln, klein gewürfelt | 2 EL Mohnsamen

BLAUBEERCREME (FÜR 1 PERSON)
150 g Sojajoghurt | ½ TL Vanillepulver | 2 EL Zitronengranola | 100 g Blaubeeren

---

1 Backofen auf 150 °C vorheizen.

2 Haferflocken, Mandeln, Mandelmus, Zitronenschale, Salz, Vanille und Datteln zu einer teigähnlichen Masse mixen. Masse in eine Schüssel geben und mit Mohnsamen mischen. Etwa 1 cm dick auf einem Blech verstreichen. Im vorgeheizten Ofen bei 150 °C 25 Minuten backen. Auskühlen lassen und in Stücke brechen.

3 Sojajoghurt und Vanille verrühren.

4 Joghurt, Blaubeeren und Zitronengranola in ein Glas füllen.

Auberginen aus dem Ofen mit weißen Böhnchen

Fragt man mich nach meinem Lieblingsgemüse, antworte ich ohne zu überlegen: die Aubergine. Ich liebte sie schon als Kind, die «melanzane», wie wir sie nannten. Die italienischen Wörter, die in meinem Vokabular hängen blieben, sind Souvenirs von den vielen Ferien in bella Italia. Himmlisch schmeckt die Aubergine aus dem Ofen, wenn sie langsam «am Stück» gebraten wird.

─────── FÜR 2 PERSONEN ───────

2 Auberginen

250 g gekochte kleine weiße Bohnen | 1 Bund Basilikum | 2 Knoblauchzehen
2 EL Hefeflocken | 1 EL Olivenöl | 1 TL Salz

TOMATEN-CHILI-SAUCE
2 große Fleischtomaten | 1 kleine Chilischote, entkernt, grob gehackt
1 EL Olivenöl | 1 TL Salz

1 EL Pinienkerne, schwach geröstet | Salz | Olivenöl

1 Backofen auf 180 °C vorheizen.

2 Auberginen mit einer Gabel einige Male einstechen, auf ein Backblech legen und im Ofen bei 180 °C 50 Minuten backen.

3 Basilikumblättchen von den Stielen zupfen, fein hacken. Knoblauch klein würfeln und mit dem Messer zerdrücken. Basilikum, Knoblauch, Hefeflocken, Olivenöl und Salz verrühren, weiße Bohnen zugeben, gut mischen.

4 Stielansatz bei den Tomaten ausstechen, Tomaten vierteln, entkernen und mit übrigen Zutaten mixen, durch ein Sieb drücken.

5 Gebackene Auberginen aufschneiden und auf Tellern anrichten, nach Belieben mit Salz abschmecken und mit Olivenöl beträufeln. Bohnensalat darauf verteilen. Mit der Tomaten-Chili-Sauce beträufeln und den Pinienkernen bestreuen.

TIPP Die Backzeit der Auberginen variiert je nach Größe. Wichtig ist, dass das Fruchtfleisch gut gebacken und weich ist.

Pfirsich-Linsen-Salat mit Zitronengras-Koriander-Dressing

Ich liebe gehaltvolle Salate. Nur Grünzeug, also Blattsalat, ist nicht so mein Ding. Das Dressing aus Zitronengras und Koriander harmoniert bestens mit den Linsen und den Früchten. Frisch, sättigend, sommerlich.

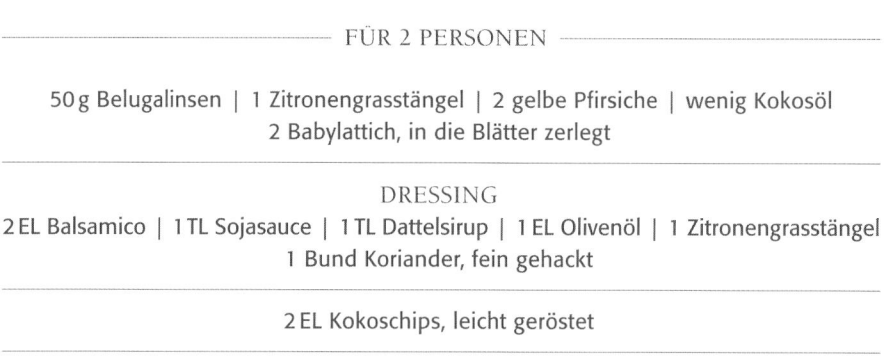

───────── FÜR 2 PERSONEN ─────────

50 g Belugalinsen | 1 Zitronengrasstängel | 2 gelbe Pfirsiche | wenig Kokosöl
2 Babylattich, in die Blätter zerlegt

DRESSING
2 EL Balsamico | 1 TL Sojasauce | 1 TL Dattelsirup | 1 EL Olivenöl | 1 Zitronengrasstängel
1 Bund Koriander, fein gehackt

2 EL Kokoschips, leicht geröstet

1 Linsen mit Zitronengrasstängel in reichlich Wasser kochen, bis die Linsen weich sind. Abgießen.

2 Für das Dressing Balsamico, Sojasauce, Dattelsirup und Olivenöl gut verrühren. Zitronengrasstängel bis auf das Herz schälen und dieses fein hacken und zur Sauce geben. Koriander von den Stielen zupfen und fein hacken, zur Sauce geben.

3 Linsen mit der Hälfte des Dressings mischen.

4 Pfirsiche halbieren und entsteinen, Hälften dritteln. In einer Bratpfanne in wenig Kokosöl beidseitig je 3 Minuten braten.

5 Restliche Marinade in die Lattichblätter massieren und auf Teller legen. Linsen und Pfirsichschnitze darauflegen, mit Kokoschips garnieren.

Melonensalat mit Nusscrunch

Die Sommerzeit ist für mich Melonenzeit. Auch salzig zubereitet schmecken Melonen, z. B. als Salat. Dieser ist ideal für ein Picknick.

───────── FÜR 2 PERSONEN ─────────

½ kleine Wassermelone, gewürfelt | ½ Honigmelone, gewürfelt
½ Galiamelone, gewürfelt | 1 Bund Minze, Blättchen abgezupft und gehackt
1 Zitronengrasstängel, geschält, fein gehackt | 1 Bio-Limette, Schale und Saft
1 EL weißer Balsamico | 1 TL Salz | 1 EL Olivenöl

2 EL Nusscrunch, Seite 72 | Minzeblättchen

1 Melonenwürfel mit den übrigen Zutaten mischen. Einige Stunden kühl stellen.

2 Salat anrichten, mit Nusscrunch und Minze garnieren.

TIPP Nusscrunch zum Mitnehmen in ein separates Glas füllen. So bleibt er knusprig und wird nicht aufgeweicht.

Safrannudeln mit Zucchini

Von meinem Vater habe ich gelernt, wie man Pasta selber herstellt und wie die Kräuter in den Teig kommen. Die Kombination von Safran, Zucchini und Basilikumcreme macht sich richtig gut als Pastasauce.

───────────────── FÜR 2 PERSONEN ─────────────────

NUDELTEIG
150 g Dinkelweißmehl | 1 TL Salz | 1 Briefchen Safranpulver | 0,8 dl/80 ml Wasser
1 TL Olivenöl | Salbeiblätter, für die Einlage

SAUCE
1–2 EL Olivenöl | 6 kleine Zucchini mit Blüte | 2 Knoblauchzehen, in Scheiben
Salz | frisch gemahlener Pfeffer

BASILIKUMCREME
100 g Seidentofu | 20 g Basilikumblättchen | 1 TL Miso | 3 EL Hefeflocken
1 EL Cashewmus | 1 EL Zitronensaft | 1 TL Salz | ¼ TL Knoblauchpulver

1 Für den Pastateig Mehl, Salz und Safranpulver in einer Schüssel mischen, übrige Zutaten zugeben und zu einem geschmeidigen, elastischen, nicht zu weichen Teig kneten. Eventuell braucht es noch etwas mehr Mehl. Teig bei Zimmertemperatur zugedeckt 30 Minuten ruhen lassen.

2 Teig in 4 Portionen teilen und auf bemehlter Arbeitsfläche zu langen, dünnen Bahnen ausrollen. Eine Hälfte der Bahn mit Salbeiblättern belegen und die freie Hälfte darüberlegen und nochmals ausrollen; die beiden Teighälften müssen gut verklebt werden. Teigbahnen auf der Schmalseite einige Male falten und in Längsrichtung in 1 cm breite Nudeln schneiden. Nudeln über eine Wäscheleine oder einen Stuhl legen und antrocknen lassen.

3 Für die Basilikumcreme alle Zutaten zu einer Paste mixen, kühl stellen.

4 Zucchini von der Blüte trennen und mit Knoblauchscheiben in einer Pfanne in 1 bis 2 EL Olivenöl bei mittlerer Hitze etwa 6 Minuten dünsten, mit Salz und Pfeffer abschmecken, Hitze reduzieren, Zucchiniblüten zugeben und zusammenfallen lassen. Warm halten.

5 Für die Nudeln in einem großen Topf reichlich Salzwasser aufkochen, Nudeln etwa 2 Minuten kochen, bis sie an die Oberfläche steigen. 3 EL Kochwasser zu den Zucchini geben, Nudeln in ein Sieb abgießen und zu den Zucchini geben. Sorgfältig mischen. Auf zwei Teller verteilen und mit der Basilikumcreme garnieren.

Kartoffel-Blumenkohl-Salat
mit Tofu

Der Kartoffelsalat ist für viele ein typisches Sommergericht. Weil er Mayonnaise enthält, passt er nicht in meine Küche. Mayonnaise einfach weglassen, und schon geht es. An ihrer Stelle gibt es Tofu-Crumbles.

FÜR 2 PERSONEN

200 g kleine neue Kartoffeln, in der Schale gekocht
1 kleiner Blumenkohl, in Röschen, gekocht | 200 g kleine Strauchtomaten
Olivenöl | 40 g Baum-/Walnüsse, geröstet und fein gehackt
Salz | frisch gemahlener Pfeffer | Rucola oder kleinblättriger Spinat

TOFU-CRUMBLES
100 g Tofu, in 1 cm dicken Scheiben | 1 EL Olivenöl | 1 EL weißer Balsamico
10 schwarze Oliven, entsteint, fein gewürfelt | 2 getrocknete Tomaten, fein gewürfelt
1 Bund Basilikum, Blättchen abgezupft und fein gehackt
1 TL fein gehackter Oregano | 1 TL Salz

1 Für die Tofumarinade alle Zutaten in ein verschließbares Glas füllen, Tofu darauflegen und mit der Marinade zudecken. Mindestens 30 Minuten marinieren.

2 Backofen auf 180 °C vorheizen, Tomatenrispen auf ein Blech legen. Mit Olivenöl beträufeln, leicht salzen. Bei 180 °C 20 Minuten braten.

3 Halbierte oder geviertelte Kartoffeln und Blumenkohlröschen in eine große Schüssel geben. Tofu von Hand darüberkrümeln, Marinade zugeben, vermengen.

4 Rucola oder Spinat auf Teller verteilen. Salat darauf anrichten. Tomaten dazulegen. Mit Nüssen garnieren und mit Salz und Pfeffer abschmecken.

TIPP In dieser Form schmeckt der Tofu allen! Je länger er mariniert wird, desto aromatischer wird er. Deshalb: Tofu am besten über Nacht im Kühlschrank marinieren und den Salat am nächsten Tag servieren.

Polenta mit Ofentomaten

Tomaten zählen zu meinem Lieblingsgemüse; aber nur im Sommer. Ich könnte kiloweise Tomaten essen, roh, gebacken oder eingemacht. In Mamas Garten pflücke ich sie vom Strauch und esse sie mit viel Genuss wie einen Apfel. Gebackene Tomaten haben es mir besonders angetan.

─────────────── FÜR EIN BLECH VON 27 × 16 CM ───────────────

POLENTASCHNITTEN
70 g feiner 2-Minuten-Maisgrieß | 4 dl/400 ml kochendes Wasser
1 TL getrockneter Salbei | 2 EL Hefeflocken | 1 TL Salz | 1 EL Olivenöl

TOMATEN
700–800 g Fleischtomaten | 3 EL Olivenöl | 1 EL Balsamico | 1 EL Kokosblütenzucker
1 mittelgroße rote Zwiebel, fein gewürfelt
3 Knoblauchzehen, zerdrückt | einige Pfefferkörner | 2 TL Meersalz | 4 Rosmarinzweige

einige Basilikumblättchen

1 Backofen auf 180 °C vorheizen.

2 Tomaten halbieren und in eine Gratinform legen. Olivenöl, Balsamico und Kokosblütenzucker verrühren und über die Tomaten träufeln, Zwiebeln, Knoblauch, Pfefferkörner und Salz darüberstreuen, Rosmarinzweige darauflegen. Tomaten im vorgeheizten Ofen bei 180 °C 40 Minuten backen.

3 Maisgrieß mit 4 dl/400 ml kochendem Wasser übergießen und einige Minuten zugedeckt stehen lassen, bis alles Wasser aufgesogen ist, einmal rühren. Salbei, Hefeflocken, Salz und Olivenöl unterrühren und in das Blech füllen, Mais glatt streichen. Erkalten lassen. In gleichmäßig große Dreiecke schneiden.

4 Polenta in einer Bratpfanne in wenig Olivenöl auf jeder Seite 3 Minuten braten.

5 Polentaschnitten mit den Ofentomaten anrichten. Mit Basilikum garnieren.

TIPP Die Tomaten passen auch zu Pasta und Gnocchi.

Sommerlicher Gemüse-Bohnen-Eintopf

Im Sommer blühe ich richtig auf. Die Sonne macht mich einfach glücklich. Was mich auch glücklich macht, ist gutes Essen. Deshalb koche ich an regnerischen Sommertagen gerne einen aufhellenden Eintopf. Für die sommerliche Frische braucht es Auberginen, Zucchini und Kräuter.

FÜR 2 PERSONEN

---

2 EL Olivenöl | 2 Schalotten, in Spalten | 1 Rosmarinzweig
1 Knoblauchzehe, in Scheiben | 1 Aubergine | 1 mittelgroßer Zucchino
150 g Champignons, halbiert | 2 dl/200 ml Weißwein | ½ l Wasser
200 g gekochte rote Bohnen (Kidneybohnen) | 50 g frische grüne Erbsen
1 EL getrockneter Oregano | 1 Prise Peperoncino | 1 TL Salz
30 g schwarze Oliven, entsteint, in Scheiben | frisch gemahlener Pfeffer
1 Sträußchen glattblättrige Petersilie, Blättchen abgezupft, in Streifen

---

1 Aubergine beidseitig kappen und in Würfvel schneiden. Zucchino ebenfalls beidseitig kappen, längs vierteln und quer in Scheiben schneiden.

2 Schalotten und Rosmarin im Olivenöl kräftig andünsten, Knoblauch, Auberginen, Zucchini und Champignons zugeben und weitere 3 bis 5 Minuten dünsten, mit Weißwein und Wasser aufgießen, rote Bohnen, Erbsen, Oregano, Peperoncino, Salz und Oliven beifügen, 30 Minuten köcheln lassen. Mit Salz und Pfeffer abrunden, mit Petersilie garnieren.

Marokkanischer Auberginen-Kichererbsen-Salat

Harissa ist eine leicht scharfe Gewürzpaste aus der marokkanischen Küche. Ich verwende sie gerne, um einem Gericht die richtige Schärfe zu geben.

―――― FÜR 2 PERSONEN ――――

2 Auberginen | 1 EL Olivenöl | 1 TL Harissa | 1 TL Salz
¼ eingelegte Salzzitrone, Seite 82, in Scheiben

HARISSA-KICHERERBSEN
140 g gekochte Kichererbsen | 1 TL Harissa | 1 TL Olivenöl | 1 TL Paprika
1 TL Kurkuma | 1 TL Salz

DRESSING
1 TL Harissa | 1 TL Zimtpulver | 1 TL Kreuzkümmel | 1 TL Salz
1 EL Olivenöl | 1 EL weißer Balsamico

100 g Rucola | 4 Aprikosen | 1 EL helle Rosinen

1 Ofen auf 180 °C vorheizen.

2 Auberginen quer halbieren und längs in Schnitze schneiden, mit Olivenöl, Harissa, Salz und Zitrone gut mischen. Auf ein Blech verteilen und im vorgeheizten Ofen bei 180 °C 30 Minuten backen.

3 Kichererbsen mit den übrigen Zutaten mischen, 15 Minuten marinieren. Zu den Auberginen auf das Blech geben und 15 Minuten mitbacken.

4 Dressing zubereiten.

5 Rucola auf Teller verteilen. Auberginen und Kichererbsen daraufgeben, Aprikosen halbieren, entsteinen und nochmals halbieren, auf den Teller legen, Rosinen darüberstreuen, mit Dressing beträufeln.

Orientalische Feigen-Focaccia mit Blumenkohl-Hummus

Das leckere Fladenbrot aus Italien war in meiner Familie schon immer ein go-to-Sommer-Gericht. Ich erinnere mich noch gut ans Einkaufen. Eine frisch gebackene Focaccia aus der Dorf-Panetteria war jedes Mal dabei. In diesem Rezept geht die Focaccia fremd und wird orientalisch.

FÜR 2 PERSONEN

FOCACCIATEIG
220 g Dinkelweißmehl | 1 TL Salz | ½ Hefewürfel (20 g)
1,3 dl/130 ml lauwarmes Wasser | 1 TL Olivenöl | 1 TL Kreuzkümmel

---

4 frische Feigen | 1 TL grobkörniges Meersalz

ZITRONEN-HARISSA-ÖL
¼ TL Harissa | 1 EL Olivenöl | 1 Bio-Zitrone, abgeriebene Schale

---

Dinkelgrieß, zum Backen

BLUMENKOHL-HUMMUS
1 Blumenkohl, ca. 500 g | 1 TL Kreuzkümmel | 2 EL Tahin
1 Bio-Zitrone, abgeriebene Schale und Saft | 1 EL Olivenöl | 1 TL Salz | 1 TL Zatar
1 TL Paprika | 1 Knoblauchzehe

Kräuter, z. B. Koriander, glattblättrige Petersilie, gehackt

---

1 Für den Teig Mehl und Salz in einer Schüssel mischen. Hefe im lauwarmen Wasser auflösen, Olivenöl zugeben, unter das Mehl rühren, auf der Arbeitsfläche einen geschmeidigen Teig kneten. Nach 3 Minuten den Kreuzkümmel einkneten, weitere 3 Minuten kneten. Teig in die Schüssel legen und bei Zimmertemperatur zugedeckt auf das doppelte Volumen aufgehen lassen. Das dauert etwa 1 Stunde.

2 Für das Hummus Blumenkohl in Röschen teilen und im Dampf weich garen, unter kaltem Wasser abschrecken. Blumenkohl mit restlichen Zutaten cremig mixen.

3 Backofen auf 220 °C vorheizen.

4 Harissa, Olivenöl und Zitronenschale mischen.

5 Focacciateig auf einem Backpapier etwa 1 cm dick ausrollen, auf den Blechrücken legen und mit dem Zeigefinger kleine Vertiefungen drücken. Mit dem Zitronen-Harissa-Öl bestreichen. Feigen längs vierteln und in den Teig drücken. Mit Meersalz bestreuen.

6 Focaccia im vorgeheizten Ofen bei 220 °C 20 bis 25 Minuten backen. Mit den Kräutern garnieren.

Mandorlata

Zu diesem Rezept hat mich eine Freundin der Familie inspiriert. Immer wieder durfte ich die Kochkünste von Co genießen, ob in den Bergen, beim Skifahren oder in Italien. In Italien hat sie mir gezeigt, wie sie Peperoni zubereitet. Ich habe die Zubereitung vereinfacht und mich für den Ofen entschieden, in dem der Kochprozess kürzer ist als in der Pfanne. Das Originalrezept findet man in italienischen Kochbüchern unter dem Namen «Mandorlata».

FÜR 2 PERSONEN

---

3 Peperoni/Gemüsepaprika, rot und gelb gemischt | 2 EL Olivenöl
1 EL Balsamico bianco | 1 TL Salz | 1 EL Kokosblütenzucker | 1 Handvoll Mandelsplitter
1 Handvoll Rosinen

---

1 Backofen auf 180 °C vorheizen.

2 Peperoni längs halbieren, Stielansatz mit Kernen und weiße Rippen entfernen, Schotenhälften längs in Streifen schneiden. Peperonistreifen in eine Gratinform geben, mit Olivenöl, Balsamico, Salz und Kokosblütenzucker mischen.

3 Peperoni im vorgeheizten Ofen bei 180 °C 35 Minuten backen, nach 20 Minuten Mandeln und Rosinen zugeben.

Erbsen-Minze-Frittata
mit Himbeeren

Frittatas habe ich in Australien entdeckt. Dort waren sie fast wöchentlich auf dem Speiseplan. Meist bestanden sie aus Resten von Ofengemüse und Eiern. Meine Frittata besteht aus Kichererbsenmehl, frischen Erbsen, würzigem Tofu und Himbeeren.

--- FÜR 2 PERSONEN ---

TEIG

100 g Kichererbsenmehl | 1 TL Backpulver | 1 TL Salz
1 Prise Kala Namak, nach Belieben | ½ Bund Minze, Blättchen abgezupft und gehackt
2 dl/200 ml Wasser | 1 TL Olivenöl

1 Knoblauchzehe, in feinen Scheiben | 1 rote Zwiebel, in feinen Scheiben
100 g frische grüne Erbsen | 100 g Himbeeren | 2 EL Olivenöl
100 g Tofu, klein gewürfelt | 1 EL Olivenöl | ½ TL Salz | 1 TL getrockneter Oregano
1 TL getrockneter Basilikum | ½ Bund Minze, Blättchen abgezupft und gehackt

1 Tofu mit Olivenöl, Salz und Kräutern mischen. 30 Minuten marinieren.

2 Backofen auf 180 °C vorheizen.

3 Kichererbsenmehl, Backpulver, Salz, Kala Namak und Minze mischen, Wasser und Olivenöl zugeben und zu einem glatten Teig rühren.

4 In einer Gusseisenbratpfanne etwas Olivenöl erhitzen, Knoblauch, Zwiebeln und Erbsen zugeben und bei mittlerer Hitze einige Minuten dünsten. Kichererbsenteig darübergießen, Tofu und Himbeeren gleichmäßig darauf verteilen, rund 2 Minuten braten. Bratpfanne in den vorgeheizten Ofen schieben. Frittata backen, bis die Masse fest ist; das dauert 15 bis 20 Minuten. Frittata einige Minuten abkühlen lassen, so kann sie besser aufgeschnitten werden.

TIPPS Mit einem Salat servieren | Die Frittata ist auch kalt richtig lecker | Kala Namak gibt der Frittata einen leichten eiähnlichen Geschmack.

Kartoffelschnitze
mit Pfirsich-Dattel-Sauce

Diese Kartoffelschnitze lassen einen die traditionellen Pommes frites vergessen. Das Gleiche gilt für die Barbecuesauce, die keine Konkurrenz hat.

— FÜR 2 PERSONEN —

500 g Kartoffeln | 1 EL Kokosöl | 1 TL Salz | 1 TL Paprika | 1 TL Kreuzkümmel
1 TL Chilipulver | 1 TL Kakaopulver | 1 TL abgezupfte Oreganoblättchen

---

SAUCE (FÜR 7 DL/700 ML)
1 EL Kokosöl | 2 kleine rote Zwiebeln, klein gewürfelt
2 Knoblauchzehen, klein gewürfelt | 4 Fleischtomaten, geviertelt, entkernt, gewürfelt
2 Pfirsiche, halbiert, entsteint, gewürfelt | 150 g Datteln, entsteint, in Streifchen
¼ TL Nelkenpulver | 1 Prise Zimtpulver | 1 TL Senf | 1 TL Salz | 1 dl/100 ml Rotwein
1 EL Apfelessig | 1 EL Maisstärke

---

1 Für die Sauce Zwiebeln und Knoblauch im Kokosöl andünsten, Tomaten- und Pfirsichwürfelchen 3 Minuten mitdünsten, restliche Zutaten (ohne Maisstärke) zugeben, Sauce 25 Minuten bei schwacher Hitze köcheln lassen. Pürieren. Sauce zurück in die Pfanne geben. Maisstärke mit 2 bis 3 EL Wasser verrühren, unter die Sauce rühren, 1 bis 2 Minuten kochen lassen. Kochendheiße Sauce in Gläser mit Schraubverschluss füllen und sofort verschließen. Bei Zimmertemperatur abkühlen lassen. Kühl lagern. Angebrochene Gläser im Kühlschrank aufbewahren.

2 Kartoffeln ungeschält in Schnitze schneiden und 30 Minuten in kaltes Wasser legen. 15 Minuten im Salzwasser kochen.

3 Backofen auf 200 °C vorheizen.

4 Kokosöl, Gewürze, Kakaopulver und Kräuter in einer Schüssel verrühren. Kartoffelschnitze zugeben und mit dem Gewürz mischen. Auf ein Blech verteilen.

5 Kartoffelschnitze im vorgeheizten Ofen bei 200 °C 20 Minuten backen. Mit der Sauce servieren.

Barbecue-Tempeh-Tacos

Tempeh wird aus fermentierten Sojabohnen hergestellt und ist wie Tofu reich an Eiweiß. Auch Tempeh darf herzhaft gewürzt werden. In der Sommersaison verwende ich dafür gerne die hausgemachte Pfirsich-Dattel-Sauce und serviere «das Menü» auf Tacos.

―――――――――――― FÜR 2 PERSONEN ――――――――――――

TEMPEH
1 EL Kokosöl | 1 Frühlingszwiebel, in Scheiben
1 gelbe Peperoni/Gemüsepaprika, klein gewürfelt | 1 EL Chilipulver
150 g Pfirsich-Dattel-Sauce, Seite 156
1 dl/100 ml Wasser | ½ Limette, Saft | Salz | 150 g Tempeh, in Streifen

NEKTARINENSALSA
2 Nektarinen, halbiert, entsteint, klein gewürfelt
1 Bund Koriander, Blättchen abgezupft und fein gehackt
1 Bio-Limette, abgeriebene Schale und Saft | Salz, nach Belieben

CASHEWCREME
2 EL Cashewmus | 1 EL Limettensaft | 1 Msp Miso | ½ TL Salz | 1 EL Wasser

4–6 Mini-Maistortillas | 1 Baby-Lattich, in Streifen
1 kleine rote Zwiebel, in feinen Scheiben | wenig Koriander, fein geschnitten
1 Limette, in feinen Schnitzen

1 Nektarinensalsa zubereiten und zugedeckt kühl stellen.

2 Tempeh mit 100 g Pfirsich-Dattel-Sauce mischen und 30 Minuten marinieren. In der Bratpfanne braten, herausnehmen und beiseitestellen.

3 Frühlingszwiebeln und Peperoni in der Tempehpfanne im Kokosöl 3 Minuten dünsten, restliche Pfirsich-Dattel-Sauce, Chili, Wasser und Limettensaft dazuzugeben, bei schwacher Hitze köcheln lassen. Nach Belieben mit Salz abschmecken. Tempeh dazugeben.

4 Zutaten für die Cashewcreme verrühren.

5 Tortillas im Ofen erwärmen.

6 Tortillas mit Tempeh-Peperoni-Mix, Nektarinensalsa, Cashewcreme, Lattich und Zwiebeln belegen. Mit Koriander und Limettenschnitzen garnieren.

Indian-Summer-Bowl

Ich mag die indische Küche sehr. Weil ich im Sommer wenig Lust auf schwere Eintöpfe und Currys habe, jedoch auf indische Gewürze nicht verzichten will, habe ich diese sommerliche Bowl kreiert. Ein Highlight ist der Tandoori-Zuckermais, den ich auch für Grillrunden wärmstens empfehlen kann.

-------------------------------- FÜR 2 PERSONEN --------------------------------

TANDOORI-MAIS
2 Zuckermaiskolben, Hüllblätter entfernt | 50 g Kokosjoghurt | 1 EL Zitronensaft
1 EL Kokosöl | 1 EL Tomatenmark | 1 TL Salz | 1 cm Ingwer, gerieben
1 EL Garam Masala | 10 Minzeblättchen, fein geschnitten | 1 TL Kreuzkümmel
2 Knoblauchzehen, fein gewürfelt

GRÜNKERN-LINSEN-BUCHWEIZEN
½ l Wasser | 1 cm Ingwer | 1 Briefchen Safranpulver | ¼ TL Kurkuma
1 Prise Zimtpulver | 2 Kardamomkapseln | 50 g Grünkern | 50 g Belugalinsen
50 g Buchweizen | Salz | Kokosöl

CURRYZWIEBELN
1 EL Kokosöl | 2 große rote Zwiebeln, in feinen Scheiben | 1 EL Dattelsirup
1 TL Salz | 3 TL Curry

RAITA
100 g Kokosjoghurt | ½ kleine Gurke, fein gerieben und ausgepresst
1 EL fein gehackte Minze | 1 EL fein gehackter Koriander
1 Knoblauchzehe, fein gewürfelt | 1 TL Salz

Rucola | Kokoschips | 1 rohe Rande/Rote Bete, geschält, grob gerieben

1 Backofen auf 180 °C vorheizen.

2 Zuckermaiskolben einzeln auf eine Alufolie legen. Marinade zubereiten und auf den Maiskolben verteilen. In die Folie einwickeln und 30 Minuten marinieren. Im vorgeheizten Ofen bei 180 °C oder auf dem Grill 35 Minuten backen.

3 Wasser mit Gewürzen aufkochen, Grünkern, Linsen und Buchweizen zufügen, bei mittlerer Hitze 25 bis 30 Minuten kochen lassen, bis das «Getreide» alles Wasser aufgenommen hat. Mit Salz und Kokosöl abschmecken.

4 Für die Curryzwiebeln das Kokosöl in einer Bratpfanne erhitzen, Zwiebelringe zugeben und bei mittlerer Hitze unter Rühren knackig dünsten. Das dauert etwa 5 Minuten. Restliche Zutaten zugeben, weitere 10 Minuten köcheln lassen. Eventuell braucht es noch ein wenig Wasser.

5 Raita zubereiten.

6 Alle Zutaten auf Tellern anrichten.

Zitronen-Joghurt-Kuchen
mit Himbeeren

In meinem Blog war vor langer Zeit das Rezept für diesen Cake. Er wurde von allen gelobt und scheint an vielen Geburtstagen der Renner zu sein.

———— FÜR 1 CAKEFORM VON 20 CM LÄNGE ————

200 g gemahlene, geschälte Mandeln | 80 g Buchweizenmehl
2 TL phosphatfreies Backpulver | 1 Prise Salz | 1 EL gemahlene Leinsamen
150 g Sojajoghurt | 150 g Kokosblütenzucker | 1 dl/100 ml Wasser
2 Bio-Zitronen, 3 EL abgeriebene Schale und Saft | 2 TL Johannisbrotkernmehl
50 g geröstete Mandeln, grob gehackt | 150 g Himbeeren

GLASUR
50 g Puderzucker | 1 EL Sojajoghurt | wenig abgeriebene Zitronenschale
Himbeeren | einige Mandeln

1 Backofen auf 180 °C vorheizen. Cakeform einfetten.

2 Mandeln, Buchweizenmehl, Backpulver und Salz im Mixerglas mischen, Leinsamen, Joghurt, Kokosblütenzucker, Wasser, Zitronenschale, Zitronensaft und Johannisbrotkernmehl zu einer homogenen Masse mixen. Gehackte Mandeln und Himbeeren untermischen. In die Form füllen.

3 Cake auf der zweituntersten Schiene in den Ofen schieben, bei 180 °C 35 Minuten backen. Erkalten lassen.

4 Aus Puderzucker, Sojajoghurt und Zitronenschale eine Glasur rühren, je nach Konsistenz mit wenig Wasser verdünnen, auf dem Cake verteilen. Mit Himbeeren und Mandeln garnieren.

TIPP Wer auf den Puderzucker verzichten möchte, lässt die Glasur weg und garniert den Cake einfach mit Himbeeren und Mandeln.

Pfirsich-Tartelettes

Der Pfirsich ist eine meiner Lieblingsfrüchte. Im Garten meiner Eltern stand vor vielen Jahren ein Baum, an dem die besten weißen Pfirsiche reiften. Besonders angetan haben es mir die Plattpfirsiche mit ihrem feinfaserigen weißen Fruchtfleisch.

FÜR 2 TARTELETTEFÖRMCHEN

2 Plattpfirsiche

BODEN
4 Medjool-Datteln, entsteint | 30 g Haferflocken | 20 g Kokosflocken
1 Prise Salz | ¼ TL Vanillepulver

1–2 EL Kokosflocken

ZITRONENGRASCREME
2½ dl/250 ml Kokosmilch | ¼ TL Vanillepulver | 1 EL Agavensirup
1 Zitronengrasstängel, längs halbiert | ¼ TL Agar-Agar-Pulver | 2 EL Wasser

---

1–2 TL geröstete Kokoschips

---

1 Backofen auf 180 °C vorheizen.

2 Datteln, Haferflocken, Kokosflocken, Salz und Vanillepulver zu einem Teig mixen. Der Teig ist sehr klebrig. In zwei Portionen teilen und Kugeln formen, zwischen Klarsichtfolien 3 mm dicke Rondellen ausrollen. Eine Klarsichtfolie entfernen, Teig mit Kokosflocken bedecken und in die Tarteletteförmchen stürzen. Die Kokos-flocken verhindern, dass der Teig am Förmchen klebt. Zweite Folie entfernen. Über-stehenden Teig abschneiden. Im vorgeheizten Ofen bei 180 °C 10 Minuten backen.

3 Für die Creme Kokosmilch mit Vanillepulver, Agavensirup und Zitronengras bei mittlerer Hitze etwa 6 Minuten kochen. Zitronengras entfernen. Agar-Agar-Pulver in 2 EL Wasser auflösen und unter die Kokosmilch rühren, weitere 2 Minuten köcheln lassen. Kokoscreme in die Tartelettes füllen. Bei Zimmertemperatur abkühlen lassen, dann in den Kühlschrank stellen.

4 Pfirsiche in feine Schnitze schneiden, kreisförmig auf die Creme legen, mit Kokos-chips garnieren.

VARIANTE Wer keine Tarteletteförmchen hat, kann Muffinförmchen verwenden. In diesem Fall braucht es 4 bis 6 Förmchen.

Kirscheis mit dunkler Schokolade

Im Garten meiner Großmutter stand ein Kirschbaum. Was für eine Freude, wenn meine Schwester und ich jeweils den riesigen Baum erklommen und sich das umgebundene Körbchen mit den verführerischen Kirschen füllte.

──────── FÜR 1 KLEINE CAKEFORM ────────

200 g Kirschen, entsteint | 70 g Agavensirup | 200 g Sojajoghurt
50 g dunkle Schokolade (70 % Kakaoanteil), fein gehackt

schwarze Schokoladenspäne | 1 Handvoll entsteinte, halbierte Kirschen

1 Cakeform mit Klarsichtfolie auskleiden oder mit Kokosöl einfetten.

2 Kirschen, Agavensirup und Sojajoghurt zu einem feinen Püree mixen. Schokolade unterrühren. Masse in die Form füllen. Im Tiefkühler über Nacht fest werden lassen.

3 Kirscheis im Kühlschrank 30 Minuten antauen lassen. Mit Schokoladenspänen und Kirschen garnieren.

HERBST

Süßkartoffel-Granola

Ich war schon immer ein Fan von knusprigen Müeslimischungen zum Frühstück, von Granolas. Das Tolle daran ist, dass man sie selber herstellen kann. Selbstgemacht schmecken sie am besten und man weiß, was drin ist. Das herbstliche Süßkartoffel-Granola zählt zu meinen Favoriten und ich mache es im Herbst immer und immer wieder. Am besten schmeckt es mit selbstgemachter Mandelmilch und Joghurt. Ich habe am liebsten ungesüßten Sojajoghurt.

--------- FÜR 2 PERSONEN ---------

SÜSSKARTOFFELPÜREE
1 mittelgroße Süßkartoffel

GRANOLA
75 g Haferflocken | 75 g Buchweizen | 80 g Baum-/Walnüsse, grob gehackt
50 g Kürbiskerne | 100 g Süßkartoffelpüree | 2 EL Ahornsirup
2 EL Mandelmus | 50 g Cranberrys | 25 g getrocknete Apfelringe, grob zerkleinert
4 getrocknete Feigen, in Streifen

1 Süßkartoffel mit einer Gabel einige Male einstechen, auf ein Blech legen und im vorgeheizten Ofen bei 180 °C etwa 1 Stunde backen, bis die Kartoffel weich ist. Süßkartoffel aufschneiden und Fruchtfleisch mit einem Löffel herauslösen und mit einer Gabel zerdrücken.

2 100 g Süßkartoffelpüree mit Ahornsirup und Mandelmus verrühren.

3 Haferflocken, Buchweizen, Baumnüsse und Kürbiskerne in einer großen Schüssel mischen, Süßkartoffelpüree unterrühren.

4 Granola auf einem mit Backpapier belegten Blech verteilen und im vorgeheizten Backofen bei 150 °C 30 Minuten backen. Nach 20 Minuten etwas bewegen.

5 Granola komplett auskühlen lassen, Cranberrys, getrocknete Äpfel und Feigen untermischen. In ein Vorratsglas füllen.

TIPP Eine größere Menge Süßkartoffeln backen und für Hummus verwenden.

VARIANTE Süßkartoffeln durch einen mehligen Kürbis ersetzen, z. B. Hokkaido oder Butternut.

Kürbis-Haselnuss-Porridge

Der Porridge ist ein typisches Winterfrühstück. Es schmeckt wunderbar und man startet damit an einem kalten, nebligen Morgen viel leichter in den Tag. Zum Verfeinern gibt es viele Möglichkeiten. Mein Favorit ist der Haselnuss-Kürbis-Porridge. Kürbis gibt ihm eine dezente Süße und macht ihn sämig.

--- FÜR 1 PERSON ---

30 g grobe Haferflocken | 200 g mehliger Kürbis (100 g Kürbispüree)
¼ TL Zimtpulver | ¼ TL Vanillepulver | 2½ dl/250 ml Wasser | Kokosblütenzucker

einige halbierte oder grob gehackte Haselnüsse | einige Kürbiskerne | Haselnussbutter

1 Für das Püree den Kürbis entkernen, schälen und klein würfeln, im Dampf weich garen, mit einer Gabel zerdrücken.

2 Haferflocken, Kürbispüree, Zimt- und Vanillepulver mit Wasser aufkochen, bei schwacher Hitze unter zeitweiligem Rühren 10 Minuten köcheln lassen, mit Kokosblütenzucker abrunden.

3 Porridge in einem tiefen Teller oder in einer Schale anrichten, wenig Haselnussbutter daraufgeben, mit Haselnüssen und Kürbiskernen bestreuen.

TIPP Meine WG-Bewohnerin und Testesserin kocht einen klein geschnittenen Apfel mit. Er macht den Porridge etwas süßer. Ich bevorzuge die weniger süße Variante.

Grießpudding
mit Quittenkompott

Als Kind war der Grießpudding eine meiner Lieblingsspeisen. Am besten schmeckte er mir mit einem Fruchtkompott. Ob Pflaumen, Aprikosen oder Äpfel, viele Früchte eignen sich dafür. Ich liebe Quittenkompott. Die hiesigen Früchte sind roh hart und ungenieß- bar, gekocht haben sie ein wunderbares fruchtiges Aroma.

—————————— FÜR 1 PERSON ——————————

KOMPOTT (2–3 PORTIONEN)
1 TL Kokosöl | 4 Quitten | 1 TL Zimtpulver | Wasser

GRIESSPUDDING
1 dl/100 ml Wasser | 1 dl/100 ml Hafermilch | ½ Vanilleschote, aufgeschnitten
30 g Dinkelgrieß | 1 EL Cranberrys | 1 TL Kokosöl

Sojajoghurt, nach Belieben | Kokosblütenzucker, nach Belieben

1 Für das Kompott den Quittenflaum mit einem trockenen Tuch abreiben, Früchte vierteln und entkernen, Fruchtviertel in Schnitze schneiden. Kokosöl in einer beschichteten Bratpfanne erhitzen, Quittenschnitze zugeben und bei mittlerer Hitze anbraten, Zimt darüberstreuen, mit wenig Wasser ablöschen, köcheln lassen, bis die Schnitze weich sind, eventuell noch wenig Wasser zugeben.

2 Für den Grießpudding Wasser, Hafermilch und Vanilleschote aufkochen, Grieß einrühren, Cranberrys zugeben, auf der ausgeschalteten Wärmequelle zugedeckt 5 Minuten quellen lassen. Vanilleschote entfernen, Mark abstreifen und mit dem Kokosöl unterrühren.

3 Grieß in ein Glas füllen, eventuell mit einer Lage Sojajoghurt zudecken, Quitten- kompott daraufgeben. Mit Kokosblütenzucker bestäuben.

Spaghetti mit Feigen und Pilzen

Vor zwei Jahren habe ich in meinem italienischen Lieblingsrestaurant Pasta mit Feigen gegessen. Seitdem freue ich mich im Herbst darauf, die süßen Früchte mit Pasta zu genießen. Es mag erstaunen, dass die Kombination so harmonisch ist und so gut schmeckt. Viel Knoblauch, gutes Olivenöl und eine Handvoll Champignons geben der Pasta die nötige Würze, und schon hat man ein perfektes Herbstgericht.

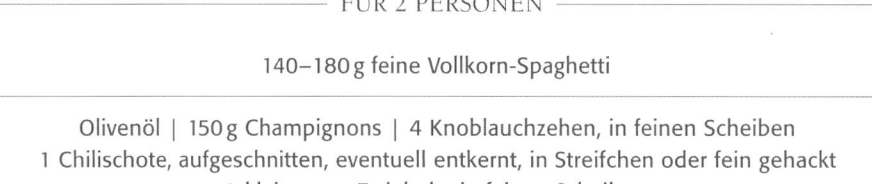

──────── FÜR 2 PERSONEN ────────

140–180 g feine Vollkorn-Spaghetti

Olivenöl | 150 g Champignons | 4 Knoblauchzehen, in feinen Scheiben
1 Chilischote, aufgeschnitten, eventuell entkernt, in Streifen oder fein gehackt
2 kleine rote Zwiebeln, in feinen Scheiben
4 Feigen, Stielansatz entfernt, längs geviertelt | 2–3 EL gehackte glattblättrige Petersilie

1 Ofen auf 180 °C vorheizen.

2 Champignons mit je ½ TL Salz und Olivenöl mischen, auf ein Blech verteilen und im vorgeheizten Ofen bei 180 °C braten.

3 Knoblauch und Chili in einer Bratpfanne in 2 EL Olivenöl bei mittlerer Hitze andünsten, Zwiebeln 10 Minuten mitdünsten, häufig rühren.

4 Spaghetti in viel Salzwasser al dente kochen, vor dem Abgießen 3 bis 4 EL Kochwasser zum Zwiebelmix geben, Feigen und Pilze beifügen, am Schluss Pasta und Petersilie untermischen. Erhitzen. Mit Salz und Pfeffer abschmecken.

Spätzli mit Lauch

Mein Vater kochte früher oft Spätzli mit Karotten und Lauch. Das klingt nach einem sehr einfachen Gericht. Es schmeckte vorzüglich. Meine Spätzli verfeinere ich mit Safran, Kokosmilch und Weißwein, die dem Gericht eine ganz spezielle Note geben.

─────────── FÜR 2 PERSONEN ───────────

SPÄTZLI
150 g Dinkelweißmehl | 1 TL Salz | 1 Briefchen Safranpulver
1,8 dl/180 ml Mineralwasser mit Kohlensäure | 0,6 dl/60 ml Kokosmilch

LAUCHGEMÜSE
1 TL Olivenöl | 300 g Lauch, in Ringen/Streifen
1 Knoblauchzehe, fein gewürfelt | 3 kleine, verschiedenfarbige Karotten, klein gewürfelt
1 dl/100 ml Weißwein | 3 EL Kokosmilch
1 Bio-Zitrone, abgeriebene Schale und wenig Saft | Rosmarin

1 Für den Spätzliteig Mehl, Salz und Safranpulver mischen, Mineralwasser und Kokosmilch unterrühren. Teig zugedeckt ruhen lassen.

2 Für das Gemüse Lauch, Knoblauch und Karotten im Olivenöl andünsten, mit Weißwein und Kokosmilch ablöschen, köcheln lassen, bis die Karotten weich sind, mit Salz, Pfeffer und Zitronenschale und wenig Zitronensaft würzen.

3 Für die Spätzli reichlich Salzwasser aufkochen, Teig auf einen Löffel gebne und mit einem zweiten Löffel Spätzli ins kochende Wasser abstreifen, Spätzli an die Oberfläche steigen lassen, mit einem Schaumlöffel aus dem Wasser nehmen und unter das Gemüse mischen.

Kürbis-Linsen-Daal

Ich liebe die indische Küche über alles und experimentiere schon lange mit ihren Gewürzen. Kürbis-Linsen-Daal gibt es in der Kürbissaison bei mir sehr oft. Meistens koche ich die doppelte Menge, so habe ich zwei Mahlzeiten. Daal kann auch tiefgekühlt werden.

FÜR 2 PERSONEN

2 EL Kokosöl | 1 kleine Zwiebel, klein gewürfelt
1 Knoblauchzehe, klein gewürfelt | ¼ TL Cayenne-Pfeffer | 1 TL Kreuzkümmel
1 TL Kurkuma | 1 TL Kardamom | 1 EL Garam Masala
700 g mehliger Kürbis, z. B. Hokkaido | 1 kleiner Apfel | 60 g rote Linsen
3½ dl/350 ml Wasser | 0,8 dl/80 ml Kokosmilch | Salz

KICHERERBSENFLADEN
100 g Kichererbsenmehl | 2 dl/200 ml Wasser | ½ TL Salz
1 TL gehackter Koriander | 1 TL gehackte Minze

Kokosöl, zum Braten

Cashewnüsse, leicht geröstet | Koriander, Blättchen in Streifen

1 Kürbis entkernen und ungeschält in Würfel schneiden. Apfel vierteln, entkernen und in Würfelchen schneiden.

2 Zwiebeln im Kokosöl andünsten, Knoblauch und Gewürze 5 Minuten mitdünsten, bis sich das Aroma entfaltet hat. Kürbis, Äpfel und Linsen mitdünsten, mit Wasser ablöschen, etwa 25 Minuten köcheln lassen, bis die Linsen weich sind. Mit Salz abrunden und mit Kokosmilch verfeinern.

3 Für die Kichererbsenfladen alle Zutaten verrühren. In einer Bratpfanne wenig Kokosöl erhitzen. Für einen Fladen 2 EL Teig in die Pfanne geben und bei mittlerer Hitze auf jeder Seite 2 bis 3 Minuten braten.

4 Linsen-Daal auf dem Kichererbsenfladen anrichten und mit Cashewnüssen und Koriander garnieren.

TIPP Das Kürbis-Linsen-Daal sättigt sehr gut und eine Beilage erübrigt sich eigentlich. Natürlich kann man dazu nach Belieben noch Reis servieren.

Gemüsecurry

In diesem Rezept hat das Blütengemüse seinen großen Auftritt. Gleich drei Gemüse lassen sich von Curry verzaubern. Der «Eintopf» enthält nur wenig Kohlenhyrate und ist mit Apfelsalsa und Nüssen trotzdem eine sättigende Mahlzeit. Aber wer will, kann dazu selbstverständlich noch Reis oder Linsen servieren.

--- FÜR 2 PERSONEN ---

1 EL Kokosöl | 3 EL Currypaste | 1 Süßkartoffel | 1 Brokkoli
1 kleiner Blumenkohl | 1 kleiner Romanesco | 3½ dl/350 ml Wasser
1 dl/100 ml Kokosmilch | Salz

APFELSALSA
1 roter Apfel (Redlove) | 2 EL Zitronensaft | 1 EL fein geschnittener Koriander
1 EL fein geschnittene Minze | Salz

½ TL Kokosöl | 2 EL Cashewnüsse | 1 Prise Zimtpulver | wenig Safranpulver

Minze, für die Garnitur

1 Süßkartoffel schälen und in mundgerechte Stücke schneiden. Brokkolistiel abschneiden, schälen und in Stäbchen schneiden. Blume in Röschen teilen. Blumenkohl und Romanesco in Röschen teilen.

2 In einer Pfanne das Kokosöl erhitzen, Currypaste zugeben und bei mittlerer Hitze andünsten, bis sich das Aroma entfaltet hat. Gemüse, Wasser und Kokosmilch beifügen, aufkochen, bei schwacher Hitze köcheln lassen, bis das Gemüse gar ist. Mit Salz abschmecken.

3 In einer Bratpfanne Kokosöl erhitzen, Cashewnüsse, Zimt und Safran beifügen und Nüsse unter Rühren Farbe annehmen lassen.

4 Für die Salsa den Apfel vierteln, entkernen und in Stäbchen schneiden, mit übrigen Zutaten mischen, mit Salz abschmecken.

Warmer Blumenkohlsalat mit Birnen und Datteln

Warme Gemüsesalate passen in jede Jahreszeit, besonders willkommen sind sie im Herbst und Winter als Wärmespender.

—————— FÜR 2 PERSONEN ——————

BLUMENKOHL
1 kleiner Blumenkohl | 1 EL Zitronensaft | 1 TL Olivenöl
1 Briefchen Safranpulver | 1 TL Salz | 2 Knoblauchzehen

2 Radicchio di Trevisano | 1 weißer Chicorée
1–2 kleine Birnen | 3 Medjool-Datteln, entsteint, in Streifen
1 EL gehackte geröstete Haselnüsse

VINAIGRETTE
1 EL Zitronensaft | 1 EL Olivenöl | Salz | frisch gemahlener Pfeffer

1 Backofen auf 180 °C vorheizen.

2 Blumenkohl in Röschen brechen und auf ein mit Backpapier belegtes Blech verteilen. Zitronensaft, Olivenöl, Safranpulver und Salz verrühren, Blumenkohlröschen damit bestreichen, Knoblauchzehen dazulegen und bei 180 °C 20 Minuten backen. Lauwarm abkühlen lassen.

3 Radicchio di Trevisano und Brüsseler Endivie in die einzelnen Blätter zerlegen, auf Teller legen. Blumenkohl darauf verteilen. Birnen vierteln, entkernen und in Spalten schneiden, auf die Teller legen, mit Datteln und Haselnüssen garnieren, mit der Vinaigrette beträufeln.

Bunte Bratkartoffeln

Bratkartoffeln müssen nicht zwingend einen Solo-Auftritt haben. Richtig gut schmecken sie mit Kräutern, Zwiebeln, Rosenkohl und Äpfeln. Das süßliche Cranberry-Dressing ergänzt das würzige Gemüse.

———— FÜR 2 PERSONEN ————

1 EL Kokosöl | 1 kleine Zwiebel, klein gewürfelt
1 Rosmarinzweigchen, Nadeln abgestreift | 1 Salbeizweigchen, Blättchen fein gehackt
200 g festkochende Kartoffeln, klein gewürfelt
300 g lila und orange Süßkartoffeln, klein gewürfelt | 100 g Rosenkohl, geviertelt
1 Apfel, geviertelt, entkernt, gewürfelt | Salz | frisch gemahlener Pfeffer

CRANBERRY-DRESSING
3 EL Cranberrys | 3 EL Wasser | 1 EL Ahornsirup | 1 TL Balsamico
1 TL getrockneter Thymian

Rosmarin, für die Garnitur

1 Kokosöl erhitzen, Zwiebeln, Rosmarin und Salbei zugeben und andünsten, Kartoffeln, Süßkartoffeln, Rosenkohl und Äpfel zugeben, mit Salz und Pfeffer würzen, bei mittlerer Hitze braten, alle 5 Minuten wenden, diesen Vorgang wiederholen, bis die Kartoffeln und das Gemüse gar sind.

2 Für das Dressing Cranberrys mit Wasser aufkochen, mit Ahornsirup, Balsamico und Thymian pürieren. Sauce über den «Eintopf» verteilen.

Kürbis-Pilz-Rösti

Ich war nie ein großer Fan der traditionellen Schweizer Küche. Die Rösti war eine Ausnahme. Auch wenn sie klassisch zubereitet wunderbar schmeckt, verfeinere ich meine Rösti gerne mit frischen Pilzen, etwas Kürbis und Kräutern. So wird aus einer Beilage ein wunderbar duftendes, aromatisches Hauptgericht. Köstlich!

──────────────── FÜR 2 RÖSTI ────────────────

2 EL Kokosöl | 1 kleine rote Zwiebel, klein gewürfelt | 1 Knoblauchzehe, klein gewürfelt
200 g Eierschwämmchen | 2 Zweiglein Thymian, Blättchen abgezupft
2 Zweiglein Majoran, Blättchen abgezupft | 400 g gekochte Schalenkartoffeln
200 g mehliger Kürbis, z. B. Potimarron

1 EL Olivenöl | 100 g Steinpilze, in Scheiben | 1 Zweiglein Thymian, Blättchen abgezupft
1 Zweiglein Majoran, Blättchen abgezupft | Salz | frisch gemahlener Pfeffer

Sojajoghurt | glattblättrige Petersilie, Blättchen fein geschnitten

1 Kartoffeln schälen und auf der Röstiraffel reiben. Kürbis entkernen und schälen, auf der Röstiraffel reiben.

2 Die Rösti in zwei Bratpfannen zubereiten. Kokosöl erhitzen, Zwiebeln und Knoblauch andünsten, Eierschwämmchen 5 Minuten mitdünsten. Thymian, Majoran, Kartoffeln und Kürbis zugeben und gut mischen. Mit Salz und Pfeffer würzen, 5 Minuten rührbraten, zu einem Kuchen zusammenstossen und bei schwacher Hitze zugedeckt 15 Minuten braten. Rösti wenden und ohne Deckel bei mittlerer Hitze 5 Minuten fertigbraten. Auf Teller stürzen und warm halten.

3 Steinpilze in der Bratpfanne im Olivenöl kurz braten, Kräuter zugeben, mit Salz und Pfeffer würzen. Auf der Rösti anrichten. Mit Sojajoghurt und Petersilie garnieren.

Randen-Hummus

Hummus gibt es bei mir das ganze Jahr. Je nach Saison variiere ich mit den Zutaten. So schmeckt mein Lieblingsaufstrich immer wieder anders. Die Rande habe ich vor einigen Jahren in Australien entdeckt, wo man das Wurzelgemüse sehr vielseitig zubereitet. Randen und Hummus liebe ich über alles, es war für mich also naheliegend, dass aus zwei eine Eins wird.

─────────────── FÜR 2 PERSONEN ───────────────

1 Rande/Rote Bete, 150–170 g, gekocht | 250 g Kichererbsen, gekocht
1 cm frischer Ingwer, grob gehackt | 1 EL Mandelmus
1 Bio-Zitrone, abgeriebene Schale | 2 Datteln, entsteint | 1 TL Kreuzkümmelsamen
1 Msp Salz

1–2 EL Sojajoghurt | wenig Olivenöl | Kreuzkümmelsamen

1 Rande schälen und in Würfel schneiden.

2 Alle Zutaten zu einer feinen, homogenen Masse mixen/pürieren.

3 Hummus in einer Schale anrichten, mit Sojajoghurt, Olivenöl und Kreuzkümmelsamen garnieren.

TIPP Das Randen-Hummus ist nicht nur ein feiner Brotaufstrich, es passt als Dip auch zu Ofengemüse.

Kürbis-Chili

Die Zutaten werden in der Gratinform gemischt und ab geht es in den Ofen. Nach nur 35 Minuten ist das Essen bereit. Ein köstliches Gericht, das sättigt und wenn nötig auch wärmt.

FÜR 2 PERSONEN
---

200 g Kidneybohnen, gekocht | 1 Maiskolben | 300 g Kürbis, Hokkoido
250 g Kürbis, Butternut | 1 EL Kreuzkümmel | 1 EL Oregano | 1 EL Kakaopulver
1 Chilischote, evtl. entkernt, klein gewürfelt | 1 rote Zwiebel, klein gewürfelt

---

1 Knoblauchzehe, klein gewürfelt | 1 kleine Dose Pelati | 100 g Räuchertofu, zerrissen
1 dl/100 ml Rotwein | 1 TL Salz | Wasser

Koriander, für die Garnitur

---

1 Backofen auf 180 °C vorheizen.

2 Maiskolben quer halbieren und mit Schnittfläche auf ein Schneidebrett stellen, Maiskörner mit einem scharfen Messer vom Kolben schneiden. Kürbis entkernen und ungeschält in Würfel schneiden. Den Stielansatz bei den Pelati abschneiden, Tomaten zerkleinern.

3 Alle Zutaten in der Gratinform mischen.

4 Die Kürbis-Chili in der Mitte in den Ofen schieben und bei 180 °C 35 Minuten backen. Mit Koriander garnieren.

TIPP Zum Chili frisches Brot oder Vollkornreis servieren.

Marroni-Quitten-Ragout

Auch süßliche Lebensmittel wie Marroni und Quitte eignen sich für ein herzhaftes Gericht. Für diesen Eintopf darf es genug Rotwein und reichlich Thymian sein. Wer den Herbstteller noch ein wenig üppiger möchte, serviert Rotkraut und gebackenen Kürbis dazu.

——————————— FÜR 2 PERSONEN ———————————

2 EL Olivenöl | 1 kleine Zwiebel, klein gewürfelt
1 Knoblauchzehe, klein gewürfelt | 1 kleiner Lauch, in Ringen/Scheiben
2 EL Tomatenmark | 1 Karotte, gewürfelt
200 g kleine Champignons | 2 Quitten | 200 g tiefgekühlte Marroni/Kastanien
3 dl/300 ml Rotwein | reichlich Thymian | 1 TL Salz

1 EL fein geschnittene glattblättrige Petersilie

1 Quittenflaum mit einem trockenen Tuch abreiben. Früchte vierteln und entkernen, in Schnitze schneiden.

2 Olivenöl in einem Topf erhitzen, Zwiebeln, Knoblauch und Lauch andünsten, Tomatenmark mitdünsten, Karotten und Pilze zugeben und 5 Minuten mitdünsten, Quitten und Marroni zufügen, mit Rotwein ablöschen, Thymian und Salz zugeben, aufkochen, Eintopf bei schwacher Hitze 30 bis 40 Minuten köcheln lassen, bis die Marroni weich sind.

VARIANTE Quitten durch Äpfel oder Birnen ersetzen.

TIPP Marroni sättigen so gut wie Kartoffeln und Pasta. Natürlich kann man zum Eintopf zusätzlich Spätzli servieren. Notwendig ist es nicht.

Ofenkürbis

Früher kannte ich nur die Kürbissuppe. Bei meiner australischen Gastmutter habe ich gelernt, dass die bunten Herbstfrüchte aus dem Ofen besonders gut schmecken. In den Herbst- und Wintermonaten könnte ich mich auch nur von Kürbis ernähren, so sehr liebe ich ihn. Noch etwas Hummus dazu, und ich bin glücklich.

FÜR 2 PERSONEN

450–500 g Kürbis, z. B. Potimarron oder Hokkaido, entkernt, in 2 cm großen Schnitzen

MARINADE
1 TL Balsamico | 2 EL Olivenöl | 1 EL Ahornsirup
1 Kräutersträußchen: Majoran, Rosmarin, Thymian, abgezupft und gehackt
Salz | frisch gemahlener Pfeffer

Kürbiskerne

DRESSING
1 EL Sojajoghurt | 1 TL Tahini | 1 TL Zitronensaft | Salz

1 Backofen auf 180 °C vorheizen. Ein Backblech mit Backpapier belegen.

2 Kürbisschnitze auf das Backpapier verteilen. Zutaten für die Marinade verrühren, mit Salz und Pfeffer abschmecken, Kürbisschnitze damit bepinseln.

3 Blech in der Mitte in den Ofen schieben und Kürbisschnitze bei 180 °C etwa 30 Minuten backen. Garprobe machen, indem man mit einer Gabel in den Kürbis sticht. Kürbiskerne 5 Minuten vor Ende der Backzeit über die Kürbisschnitze streuen. Dressing vor dem Servieren darüberträufeln.

TIPP Mit Hummus, Seite 58, genießen.

VARIANTE Frische Kräuter durch getrocknete Kräuter ersetzen (3 TL insgesamt).

Randen-Feigen-Galette

Feigen sind kulinarische Allrounder. Sie eignen sich für pikante und süße Gerichte. In Kombination mit Randen und Thymian bekommt man ein süßliches, würziges Innenleben.

FÜR 2 PERSONEN

TEIG
110 g Dinkelvollkornmehl, gesiebt | 40 g Dinkelgrieß | 1 TL Salz
2–3 Umdrehungen frisch gemahlener Pfeffer | 1 TL getrockneter Thymian | 4 EL Olivenöl
2 EL Eiswasser (Eiswürfel auslaufen lassen)

FÜLLUNG
2 kleine gekochte Randen/Rote Beten, geschält, in feinen Scheiben
2 Feigen, Stielansatz entfernt, in feinen Scheiben | 1 kleine rote Zwiebel, in feinen
Scheiben/Ringen | 100 g Seidentofu | 40 g Cashewnüsse, eingeweicht
einige Thymianzweiglein | 1 TL Zitronensaft | Salz | frisch gemahlener Pfeffer

---

einige Thymianzweiglein

Balsamicocreme | gehackte Cashewnüsse | Thymianzweiglein, für die Garnitur

---

1 Für den Teig trockene Zutaten mischen, Olivenöl und Eiswasser zugeben, zu einem Teig zusammenfügen. In Klarsichtfolie einwickeln, 30 Minuten kühl stellen.

2 Backofen auf 175 °C vorheizen.

3 Seidentofu, Cashewnüsse, abgezupfte Thymianblättchen und Zitronensaft mixen, mit Salz und Pfeffer abschmecken.

4 Aus dem Teig zwischen Klarsichtfolien eine Rondelle von ungefähr 24 cm Durchmesser ausrollen, Tofucreme darauf verstreichen. Mit Randen, Feigen, Zwiebeln und Thymianzweiglein belegen, dabei einen 2 bis 3 cm breiten Rand frei lassen und diesen über die Füllung legen.

5 Galette im vorgeheizten Ofen bei 175 °C etwa 35 Minuten backen. Abkühlen lassen. Mit Balsamicocreme, Cashewnüssen und Thymian garnieren.

ZUM REZEPT Der Teig ist ziemlich brüchig, dafür zergeht er förmlich auf der Zunge. Am besten isst man die Galette kalt.

Kürbissuppe

Die Kürbissuppe gehört für mich zum Herbst wie bunte Blätter, Marroni und nebliger Morgen.

──────── FÜR 2 PERSONEN ────────

1 EL Kokosöl | 1 kleine Zwiebel | 2 Knoblauchzehen
1 Portion Ofenkürbis, Seite 196, Schnitze grob zerkleinert | ½ l Wasser
einige Thymianzweiglein | Salz | frisch gemahlener Pfeffer
Kokosmilch

glattblättrige Petersilie, für die Garnitur

KÜRBISKERN-SESAM-CRUNCH
1 EL Kürbiskerne | 1 TL Sesamsamen | 1 TL Ahornsirup | 1 Prise Rauchsalz

1 Zwiebeln und Knoblauch im Kokosöl andünsten, Kürbis und Thymian mitdünsten, mit Wasser auffüllen, 10 Minunten köcheln lassen, pürieren, mit Salz und Pfeffer würzen, mit Kokosmilch verfeinern.

2 Kürbiskerne und Sesamsamen in einer Bratpfanne schwach rösten, Ahornsirup und Rauchsalz unterrühren, auf einem Backpapier auskühlen lassen. Zerbröckeln.

3 Die Kürbissuppe anrichten, Crunch und abgezupfte, fein geschnittene Petersilie darüberstreuen.

TIPP Je nach Vorliebe kann die Konsistenz der Kürbissuppe verändert werden, indem man sie mit mehr Kürbis oder mit mehr Wasser zubereitet.

Federkohlsalat
mit Vanille-Topinambur

Federkohl zählte erst noch zum fast in Vergessenheit geratenen Gemüse. Nun hat sich die pflegeleichte Kohlart zurückgemeldet. Das Trendgemüse ist auch wegen der hohen Dichte an gesunden Inhaltsstoffen sehr begehrt. Der wertvolle Gesundheitscocktail ist auch leicht verdaulich. Ich kombiniere den Grünkohl, wie man ihn auch nennt, in diesem Rezept mit Topinambur, einem nicht so bekannten Wurzelgemüse, welches besonders mit Vanille verfeinert richtig köstlich schmeckt.

--------- FÜR 2 PERSONEN ---------

200 g Topinambur | ¼ TL naturreines Vanillepulver | 1 TL Olivenöl
1 TL Salz | 1 TL Kokosblütenzucker

100 g Federkohl, in breiten Streifen | 1 EL Preiselbeeren, gehackt
3 getrocknete Feigen, in Streifen | 2 EL Zedernkerne, geröstet

DRESSING
2 TL Argan- oder Olivenöl | 1 Bio-Zitrone, 1 TL abgeriebene Schale und 1 EL Saft
1 TL Salz | 1 TL Zimtpulver | 1 TL Kreuzkümmelsamen | 1 TL Agavensirup

1 Backofen auf 180 °C vorheizen.

2 Topinambur waschen und in Stücke schneiden, in eine Schüssel geben, mit Vanille, Olivenöl, Salz und Kokosblütenzucker mischen. 15 Minuten marinieren. Im vorgeheizten Ofen bei 180 °C 30 Minuten backen.

3 Federkohl und Dressing in einer Schüssel von Hand mischen, gut einmassieren.

4 Federkohl anrichten und Topinambur, Preiselbeeren, Feigen und Zedernkerne auf dem Salat verteilen.

Kürbis-Federkohl-Risotto
mit Baumnuss-Chrunch

Der Kürbis macht den Risotto wunderbar sämig und unwiderstehlich gut. Der Federkohl gibt dem Risotto eine würzige Note. Das Tüpfchen auf dem i sind die Ahornsirup-Nüsse.

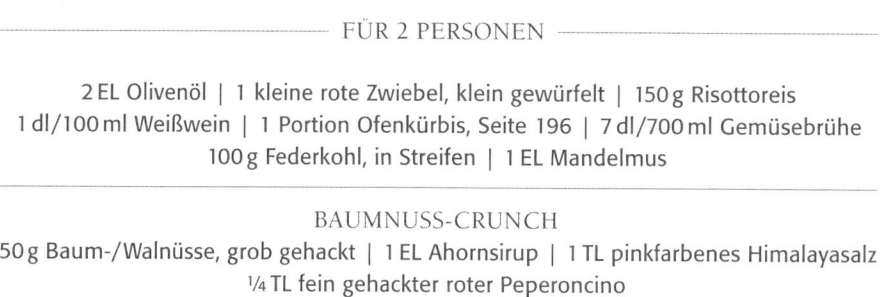

--------- FÜR 2 PERSONEN ---------

2 EL Olivenöl | 1 kleine rote Zwiebel, klein gewürfelt | 150 g Risottoreis
1 dl/100 ml Weißwein | 1 Portion Ofenkürbis, Seite 196 | 7 dl/700 ml Gemüsebrühe
100 g Federkohl, in Streifen | 1 EL Mandelmus

BAUMNUSS-CRUNCH
50 g Baum-/Walnüsse, grob gehackt | 1 EL Ahornsirup | 1 TL pinkfarbenes Himalayasalz
¼ TL fein gehackter roter Peperoncino

1 Für den Crunch Nüsse in einer Bratpfanne leicht rösten, Ahornsirup, Himalayasalz und Peperoncino unterrühren. Auf einem Backpapier auskühlen lassen.

2 Ofenkürbis und Gemüsebrühe pürieren.

3 Zwiebeln im Olivenöl andünsten, Reis mitdünsten, bis er glasig ist, mit Weißwein ablöschen, unter Rühren einkochen lassen. Kürbisbrühe nach und nach zugeben, häufig rühren, köcheln lassen, bis der Reis al dente ist. Federkohl und Mandelmus unterrühren, Risotto auf Suppenteller verteilen, mit Baumnuss-Crunch bestreuen.

Früchtegratin

Ein Fruchtsalat ist kein spektakuläres Dessert. Würzt man ihn jedoch mit Zimt und Vanille und schiebt ihn in den Ofen, bekommt man einen aromatischen, fruchtigen Gratin. Eigentlich können beliebige Früchte verwendet werden. Ich nehme Saisonfrüchte wie Pflaumen, Feigen und Trauben und reichere sie mit Granatapfelkernen und Kaki an.

—————————————————— FÜR 2 PERSONEN ——————————————————

1 Pflaume | 3 Feigen | 1 kleine Kaki, in Scheiben | 80 g Trauben
4 EL Granatapfelkerne | 1 EL Agavensirup | ¼ TL Vanillepulver | ¼ TL Zimtpulver

150 g Kokosjoghurt | einige Baum-/Walnüsse, grob gehackt

1 Backofen auf 180 °C vorheizen.

2 Pflaume halbieren und Stein entfernen, Fruchthälften in 3 Schnitze schneiden. Stielansatz bei den Feigen entfernen, Früchte in 6 Schnitze schneiden.

3 Früchte in zwei kleine Gratinformen verteilen. Agavensirup darüberträufeln, mit Vanille und Zimt bestreuen.

4 Früchtegratin im vorgeheizten Ofen bei 180 °C 20 Minuten backen.

5 Früchtegratin mit Kokosjoghurt und Baumnüssen garnieren. Sofort genießen.

Haselnusscreme

Haselnüsse gehören zu meinen Lieblingsnüssen. Sie schmecken vor allem geröstet wunderbar, denn so entfalten sie ihr volles Aroma. Die einfache Haselnusscreme mit Crumble schmeckt köstlich.

—————— FÜR 2 PERSONEN ——————

CREME
25 g geröstete Haselnüsse | 1½ dl/150 ml Wasser | ½ Vanilleschote, aufgeschnitten
1 EL Ahornsirup | 1 g Agar-Agar-Pulver (Reformhaus) | 100 g Kokosmilch

2 TL Haselnussbutter, nach Belieben

CRUMBLES
3 EL Dinkelweißmehl | 3 EL gemahlene Haselnüsse | 2 EL Ahornsirup | 1 EL Kokosöl

1 Haselnüsse, Wasser, abgestreiftes Vanillemark und Ahornsirup zu einer Creme mixen.

2 Haselnussmilch in eine Pfanne geben. Agar-Agar-Pulver in wenig Wasser auflösen und unterrühren, aufkochen, Creme 2 Minuten köcheln lassen. Pfanne vom Kochfeld nehmen, Kokosmilch unterrühren, auf zwei Gläser verteilen. Kühl stellen.

3 Backofen auf 180 °C vorheizen.

4 Zutaten für die Crumbles zu einer krümeligen Masse reiben. Auf ein mit Backpapier belegtes Blech verteilen. Im vorgeheizten Ofen bei 180 °C etwa 10 Minuten backen. Erkalten lassen.

5 Haselnussbutter auf die Creme verteilen, mit Crumbles abschließen.

WINTER

Superseed-Orangen-Porridge

Porridge kommt bei mir in der kalten Jahreszeit häufig auf den Tisch. Im Winter genieße ich ihn gerne mit Orangen, Cranberrys und Maulbeeren. Er gibt mir an einem verschneiten Wintermorgen ein gutes Gefühl.

―――――――――――――――― FÜR 2 PERSONEN ――――――――――――――――

30 g Vollkornhaferflocken | 1 EL Leinsamen | 1 EL Buchweizen | 1,6 dl/160 ml Wasser
0,8 dl/80 ml Mandelmilch | ½ Vanilleschote, aufgeschnitten | 1 Bio-Orange

GARNITUR
1 EL Maulbeeren, für die Garnitur | 1 EL Cranberrys, für die Garnitur
Mandelmilch, für die Garnitur

1 Haferflocken, Buchweizen, Leinsamen, Wasser, Mandelmilch, Vanilleschote und abgeriebene Orangenschale in einem Pfännchen aufkochen und bei schwacher Hitze 5 Minuten köcheln lassen. Vanillemark abstreifen und unter den Porridge rühren.

2 Orange großzügig schälen und in Scheiben schneiden, Kerne entfernen.

3 Porridge in eine Schale füllen. Mit Orangenscheiben, Maulbeeren, Cranberrys und Mandelmilch garnieren.

Schwarzer Milchreis
mit Granatapfelkernen

Als Kind war Milchreis eine meiner Leibspeisen. Am besten schmeckte er mir damals simpel mit viel Zucker und Zimt. Auch wenn ich den Milchreis immer noch über alles liebe, darf er heute etwas weniger süß und würziger sein. Anstelle von weißem Reis nehme ich schwarzen (Riso Venere), der eine nussige Note hat. Abgerundet wird das Aroma mit Ingwer und Vanille.

FÜR 2 PERSONEN

150 g gekochter schwarzer Reis | 3 ½ dl/350 ml Mandelmilch
¼ TL Vanillepulver | 1 EL Rosinen | wenig Zimtpulver | 1 cm Ingwer, fein gerieben
Mandelmilch, nach Belieben

GARNITUR
1 Granatapfel (2 EL Kerne) | 1 EL Kokoschips | 1 Prise Hanfsamen

---

1 Reis, Mandelmilch, Vanille, Rosinen, Zimt und Ingwer in einem Pfännchen auf-kochen und Reis bei schwacher Hitze 20 Minuten köcheln lassen. Eventuell mit zusätzlicher Mandelmilch verfeinern.

2 Milchreis in einer Schale anrichten, mit Granatapfelkernen, Hanfsamen und Kokoschips garnieren.

TIPP Am besten kocht man gleich einige Portionen Reis, denn man kann ihn auch für pikante Gerichte verwenden.

Würzige Kartoffel-Pancakes

Mein Vater ist für mich einer der besten Köche, denn er kann auch aus Resten feinste Gerichte zaubern. Wenn immer gekochte Schalenkartoffeln übrig blieben, durften wir uns am nächsten Tag auf Gnocchi oder Kartoffel-Pancakes freuen. Mein Vater liebt Salbei über alles. Als Wertschätzung für das Pancake-Rezept würze ich sie mit seinem Lieblingskraut: dem Salbei.

──────────────── FÜR 6 PANCAKES ────────────────

100g gekochte Schalenkartoffeln | 50g Hafermehl | 1 TL Salz | ½ TL Backpulver
1 TL getrockneter Salbei | 2 dl/200 ml Mandelmilch

Kokosöl, zum Braten

1 EL Olivenöl | 1 kleine Zwiebel, fein gewürfelt | 100g Räuchertofu, klein gewürfelt
250g Champignons, halbiert | Salz

4 EL Rotkraut, Seite 228 | 1 Handvoll Salbei, für die Garnitur | 1–2 EL Olivenöl

1 Kartoffel schälen und auf einer groben Reibe reiben, mit Hafermehl, Salz, Backpulver und Salbei mischen, so viel Mandelmilch zugeben, dass ein geschmeidiger Teig entsteht.

2 In der Bratpfanne wenig Kokosöl erhitzen und pro Pancake 2 EL Teig in die Bratpfanne geben, auf jeder Seite 1½ Minuten braten. Warm stellen.

3 Olivenöl in der Bratpfanne erhitzen, Zwiebeln darin glasig dünsten, Räuchertofu und Champignons zugeben und 5 bis 7 Minuten bei mittlere Stufe braten, immer wieder rühren, damit der Tofu und die Champignons gleichmäßig braun werden. Mit Salz würzen. Warm stellen.

4 Salbeiblättchen im Olivenöl braten.

5 Die Pancakes schichten und mit der Tofu-Pilz-Mischung belegen. Mit Rotkraut abschließen und mit Salbei garnieren.

Gerstensuppe

*Eine frisch zubereitete Gerstensuppe ist im Winter etwas vom Besten. Meine Groß-
mutter hat mich bei dieser Suppe buchstäblich auf den Geschmack gebracht. Wenn
immer sie im Winter auf meine Schwester und mich aufpassen musste, gab es Gerstensuppe. Als ich zu kochen begann, habe ich ihr Rezept mit kleinen Änderungen über-
nommen. Gersten- und Kürbissuppe sind für mich zwei typische saisonale Speisen, auf
die ich mich immer wieder freue.*

--------- FÜR 2 PERSONEN ---------

1 EL Olivenöl | 100 g Räuchertofu, gewürfelt
1 kleine Zwiebel, klein gewürfelt | 2 Urkarotten (lila Karotten), klein gewürfelt
2 kleine Kartoffeln, klein gewürfelt | 50 g Rollgerste
¾ l Gemüsebrühe | 1 Lorbeerblatt | 1 Gewürznelke | 1 Rosmarinzweiglein
3 Thymianzweiglein | Kokosmilch

1 Bund Schnittlauch, fein geschnitten, für die Garnitur
Kokosmilch, für die Garnitur

1 Olivenöl in einer Pfanne erhitzen, Tofu zugeben, bei mittlerer Hitze anbraten,
Zwiebeln zugeben und braten. Karotten und Kartoffeln zugeben und andünsten,
Rollgerste zufügen, mit Gemüsebrühe ablöschen, Gewürze und Kräuter zugeben,
bei schwacher Hitze 1½ Stunden köcheln lassen. Lorbeerblatt und Gewürznelke
entfernen. Mit Kokosmilch verfeinern.

2 Suppe anrichten, mit Schnittlauch und Kokosmilch garnieren.

Gelbe Randensuppe mit Ingwer

Ich liebe Randen und kann nie genug davon bekommen. Das inspiriert. So verwende ich sie für Hummus, Gnocchi, Suppen und noch vieles mehr. Sie schmecken mir auch roh. Zur Abwechslung dürfen es auch gelbe Randen sein, sie bringen die «Sonne» in die Winterküche. Geschmacklich sind beide gleich.

---------------------------------- FÜR 2 PERSONEN ----------------------------------

1 EL Kokosöl | 1 Zwiebel, klein gewürfelt | 1 Prise Chiliflocken
1 cm frischer Ingwer, gerieben | 500 g gelbe Randen/Gelbe Beten, gewürfelt
200 g Karotten, gewürfelt | 1 kleine Kaki, entkernt und klein gewürfelt
ca. ½ l Wasser | Salz

GARNITUR
gelbe Rande/rote Bete, Karotte und Kaki, in feinsten Scheiben/Streifen
einige Granatapfelkerne | einige Baum-/Walnüsse

1 Zwiebeln, Chiliflocken und Ingwer im Kokosöl andünsten, Randen, Karotten und Kaki einige Minuten mitdünsten, mit Wasser ablöschen, aufkochen, mit Salz würzen und 20 Minuten köcheln lassen. Pürieren. Je nach Konsistenz mit Wasser verdünnen und nochmals erhitzen.

2 Gelbe Randensuppe anrichten, garnieren.

Kartoffel-Safran-Suppe

Ich war damals sieben Jahre alt, als wir die Sportferien in einem kleinen Chalet in den Schweizer Bergen verbrachten. Nach einem langen Tag auf der Skipiste hat ein Freund der Familie eine Kartoffelsuppe gekocht. Die Kombination von Kartoffeln und Safran war für mich neu. Die Suppe schmeckte wunderbar. Vermutlich habe ich damals den Safran entdeckt und ihn gern bekommen.

--------- FÜR 2 PERSONEN ---------

2 EL Olivenöl | 3 kleine rote Zwiebeln, in Spalten
250–300 g festkochende Kartoffeln, gewürfelt | 2 dl/200 ml Weißwein
½ l Gemüsebrühe | 2 Briefchen Safranpulver
1 Bio-Zitrone, Schale und Saft (1 EL) | Salz | Kokosmilch

1 Sträußchen Petersilie, Blättchen abgezupft und gehackt

1 Zwiebeln im Olivenöl andünsten, Kartoffeln 2 Minuten mitdünsten, Weißwein, Gemüsebrühe, Safran, Zitronenschale und Zitronensaft beifügen, köcheln lassen, bis die Kartoffeln weich sind. Mit Salz abschmecken und mit Kokosmilch verfeinern.

2 Kartoffelsuppe anrichten, mit Petersilie garnieren.

Hausgemachte Gnocchi – the simple way

Von meinem Vater habe ich gelernt, wie man Gnocchi macht. Wenn am Vortag Kartoffeln übrig geblieben sind, gab es am nächsten Tag häufig Gnocchi. Manchmal ganz simpel mit etwas Salbei in Olivenöl gebraten – das war ein wunderbares Abendessen. Bei mir gibt es die Gnocchi «con olio d'oliva e salvia» im Winter mit Rosenkohl und Baumnüssen.

──────────── FÜR 2 PERSONEN ────────────

GNOCCHI
400–450 g gekochte Schalenkartoffeln | 1½ TL Salz | 100 g Dinkelweißmehl

2 EL Olivenöl | 2 kleine rote Zwiebeln, in feinen Spalten
2 Knoblauchzehen, in Scheiben | 300 g Rosenkohl, geviertelt | wenig Gemüsebrühe
Salz | frisch gemahlener Pfeffer

6 Salbeiblätter, in feinen Streifen | 20 g Baum-/Walnüsse, grob gehackt

1 Kartoffeln schälen und in einer Schüssel mit dem Kartoffelstampfer zerdrücken oder auf der Bircherraffel in die Schüssel reiben. Kartoffeln nicht pürieren (macht die Masse klebrig). Salz untermischen. So viel Mehl zugeben, dass ein fester Teig entsteht. Aus dem Teig 15 mm dicke Rollen formen und diese in 1 cm lange Stücke teilen.

2 Zwiebeln und Knoblauch im Olivenöl andünsten, Rosenkohl mitdünsten und mit wenig Gemüsebrühe ablöschen, köcheln lassen, bis der Rosenkohl gar ist. Beiseitestellen.

3 In einem großen Topf reichlich Salzwasser erhitzen, Gnocchi portionsweise ins kochende Wasser geben und an die Oberfläche steigen lassen. Mit einem Schaumlöffel herausnehmen, in eine Schüssel geben und mit wenig Olivenöl mischen.

4 Fein geschnittenen Salbei und Nüsse in der Bratpfanne in wenig Olivenöl braten, bis beides duftet, herausnehmen und beiseitestellen.

5 Gnocchi in der Bratpfanne kurz braten, Rosenkohl unterrühren, nochmals erhitzen. Anrichten. Nuss-Salbei-Mix darüberstreuen.

VARIANTE Nicht alle mögen Rosenkohl. Er kann zum Beispiel durch Karotten, Kürbis, Weißkabis/-kohl ersetzt werden.

Hausgemachte Gnocchi – Japanese Style

Gnocchi sind verwandlungsfähig! Die japanische Version hat es mir besonders angetan. Für einen Abstecher in den Fernen Osten braucht es Edamame und Kräuterseitlinge und ein paar typische asiatische Gewürze.

------ FÜR 2 PERSONEN ------

1 Portion Gnocchi, Seite 224

1 EL Kokosöl | 250 g Kräuterseitlinge, Stiele in 1 cm dicken Scheiben, Hüte gehackt
2 Knoblauchzehen, klein gewürfelt | 1 TL Sesamöl | 2 TL Miso
2 TL Sojasauce | 1 ½ dl / 150 ml Wasser | 100 g Edamame (grüne Sojabohnen), gekocht
2 TL Nori-Fflocken | 2 TL schwarze Sesamsamen

1 rohe zweifarbige Rande/Rote Bete (Chioggia), in Stäbchen
abgezupfte glattblättrige Petersilie, gehackt

1 Kokosöl in einer Bratpfanne erhitzen und Pilzstiele beidseitig 3 Minuten braten, gehackte Pilzhüte und Knoblauch beifügen und weitere 3 Minuten braten, bis die Pilze gar sind. Sesamöl, Miso, Sojasauce und Wasser verrühren, zu den Pilzen geben, Edamame ebenfalls beifügen, einige Minuten weiterköcheln lassen. Zum Schluss Nori-Flocken, Sesamsamen und Gnocchi beifügen, erhitzen.

2 Gnocchi anrichten, mit Randenstäbchen und Petersilie garnieren.

Rotkraut

Rotkraut ist nichts Spektakuläres, wären da nicht Gewürze, Apfel und Rotwein, welche das Kraut wunderbar aromatisch und rund machen. Man bekommt garantiert Appetit auf mehr.

———————————— FÜR 2–4 PERSONEN ALS BEILAGE ————————————

2 EL Olivenöl | 1 kleine Zwiebel, klein gewürfelt | 1 Rotkabis/-kohl, 400–500 g
1 Redlove (rotfleischiger Apfel) | 1 dl/100 ml Rotwein | Wasser | 1 EL Apfelessig
2 EL Agavendicksaft | 2 Gewürznelken | 1 Zimtstange | 1 Lorbeerblatt | 1 TL Salz

1 Rotkabis halbieren und Strunk herausschneiden, Hälften quer in feine Streifen hobeln/schneiden. Apfel vierteln und entkernen, in Würfelchen schneiden.

2 Zwiebeln im Olivenöl bei mittlerer Hitze andünsten, Rotkabis und Äpfel kurz mitdünsten, mit Rotwein, Wasser und Apfelessig ablöschen, restliche Zutaten zugeben, aufkochen, bei schwacher Hitze köcheln lassen, bis das Rotkraut die gewünschte Konsistenz hat (die einen lieben es knackig, die andern weich). Gewürznelken, Zimtstange und Lorbeerblatt entfernen.

TIPP Das Rotkraut passt als Beilage zu Gnocchi und Quitten-Marroni-Ragout.

Pommes von Wurzelgemüse und Tofu

Knollensellerie ist definitiv nicht mein Lieblingsgemüse. Als Ofen-«Pommes» macht es aber eine wunderbare Wandlung durch und harmoniert bestens mit der würzigen Currysauce.

FÜR 2 PERSONEN

POMMES
400 g Knollensellerie | 400 g Pastinaken | 1 EL Garam Masala | 1 TL Salz
1 EL Tomatenpüree | 2 EL Kokosöl

TOFU
130 g fester Tofu, gewürfelt | 4 EL Sojajoghurt
1 Bio-Zitrone, abgeriebene Schale und Saft (2 EL) | 1 TL geriebener Ingwer
2 Knoblauchzehen, fein gewürfelt | Salz

CURRYSAUCE
1 EL Kokosöl | 4 kleine Zwiebeln, in feinen Schnitzen | 1 EL Paprikapulver
1 kleiner roter Peperoncino, evtl. entkernt, klein gewürfelt
1 EL Garam Masala | 2 EL Tomatenpüree | 240 g gehackte Tomaten (Dose)
2 TL getrocknete Curryblätter | ½ TL Salz

Kokos- oder Sojajoghurt | 1 Bund Koriander, Blättchen abgezupft und fein geschnitten

---

1 In einer Schüssel Joghurt mit Zitronenschale und Zitronensaft, Ingwer und Knoblauch verrühren, mit Salz abschmecken. Tofu zufügen und mit der Sauce mischen, 30 Minuten marinieren.

2 Backofen auf 180 °C vorheizen.

3 Sellerie schälen, Pastinake nach Belieben schälen, Gemüse in Stäbchen schneiden, mit Garam Masala, Salz, Tomatenpüree und Kokosöl mischen, auf ein eingefettetes Blech verteilen.

4 Für den Curry die Zwiebeln im Kokosöl andünsten, abgetropften Tofu (Marinade auffangen) zugeben und anbraten. Übrige Zutaten und Tofumarinade zugeben, 35 Minuten köcheln lassen, eventuell mit Wasser verdünnen.

5 «Pommes» im vorgeheizten Ofen bei 180 °C etwa 35 Minuten backen, zweimal wenden, damit sie gleichmäßig braun werden.

6 «Pommes» auf Teller verteilen, Tofu mit Sauce darüber verteilen, mit Joghurt und Koriander garnieren.

Warmer Topinambur-Apfel-Salat

Der Topinambur ist ein typisches Wintergemüse, das aufgrund der Inhaltsstoffe mehr Zuspruch verdienen würde. Wer im Garten schon einmal die Knollen vergraben hat, weiß, wie produktiv die Pflanze sein kann. Genau aus diesem Grund bekam ich einmal eine große Ladung davon. Experimentieren geht über Studieren. Bei einem der vielen Experimente ist dieser fruchtige Salat entstanden.

―――――― FÜR 2 PERSONEN ――――――

1 TL Kokosöl | 1 Prise Chiliflocken | einige Thymianzweiglein
250 g Topinambur | 1 Granny Smith | 1 Redlove (rotfleischiger Apfel)
1 EL Zitronensaft | 1 EL Ahornsirup | 1 TL Salz

1 Topinambur ungeschält in feine Scheiben schneiden. Äpfel vierteln und entkernen und in feine Scheiben schneiden.

2 Thymian und Chiliflocken im Kokosöl andünsten. Topinambur zugeben und unter gelegentlichem Rühren auf mittlerer Stufe 10 Minuten dünsten, Apfelschnitze zugeben und 10 Minuten weiterdünsten. Abschmecken mit Zitronensaft, Ahornsirup und Salz.

Buddha-Bowl mit Marroni-Patties

Ich liebe Mahlzeiten mit vielen unterschiedlichen Komponenten. Ideal zum Servieren sind Buddha Bowls, Schalen gefüllt mit gesundem Essen.

─────────────── FÜR 2 PERSONEN ───────────────

MARRONI-PATTIES
200 g tiefgekühlte Marroni, aufgetaut | 20 g Hafermehl | 2 EL Leinsamen, geschrotet
1 kleine rote Zwiebel, klein gewürfelt | 2 EL Wasser
1 TL getrockneter Knoblauch | 1 TL getrockneter Thymian | 1 TL getrockneter Rosmarin
frisch gemahlener Pfeffer | Salz

Kokosöl, zum Braten

SELLERIE-APFEL-SALAT
1 kleiner Knollensellerie | 1 Apfel | 2 EL Sojajoghurt | 1 Bio-Zitrone, Schale und 1 EL Saft
½ TL Zimtpulver | ½ Bund Schnittlauch, fein geschnitten | Salz

1 Portion Karotten, Seite 104 | 200 g Rotkraut, Seite 228
1 große Handvoll Federkohl/Grünkohl | Cranberrys

1 Für den Salat Joghurt, Zitronenschale und Zitronensaft, Zimt und Schnittlauch zu einer Sauce rühren, mit Salz abrunden. Sellerie schälen und auf der Bircherraffel dazureiben. Apfel mit Schale auf der Röstiraffel dazureiben, gut mischen. 30 Minuten kühl stellen.

2 Für die Patties Marroni mit einer Gabel zerdrücken. Hafermehl, Leinsamen, Zwiebeln, Wasser und Gewürze unterrühren, mit Salz und Pfeffer abrunden, zu einem festen Teig kneten. 4 Patties formen. In der Bratpfanne wenig Kokosöl erhitzen, Marroni-Patties bei mittlerer Hitze auf jeder Seite 4 Minuten braten.

3 Federkohl auf zwei Schalen verteilen, Patties, Salat, Rotkraut und Karotten dazugeben.

TIPP Patties eignen sich auch zum Füllen von Brötchen.

Süßkartoffel-Canapés

Meine Gäste lieben die himmlischen Canapés. Sie sind eine willkommene Abwechslung zu eingelegten Oliven, getrockneten Tomaten und Grissini.

―――――――――――― FÜR 2 PERSONEN ――――――――――――

CANAPE-ERSATZ – FÜR 1 VARIANTE
1 große Süßkartoffel | 1 EL Olivenöl | 1 TL Salz | frisch gemahlener Pfeffer

RANDEN-HUMMUS MIT BAUMNÜSSEN
3–4 EL Randen-Hummus, Seite 190 | 1 EL Ahornsirup | ¼ TL Salz
1 TL getrockneter Salbei | ½ TL fein gehackter Peperoncino | 8–10 Baum-/Walnusshälften
Kresse | frisch gemahlener Pfeffer

RÄUCHERTOFU-MACADAMIA-DIP (OHNE ABBILDUNG)
3–4 EL Räuchertofu-Macadamia-Dip, Seite 60
1 TL schwarze Sesamsamen | Rettichsprossen

KRÄUTERFRISCHKÄSE MIT BALSAMICO-CRANBERRYS
3–4 EL Kräuterfrischkäse aus Tofu, Seite 64 | 1 EL Balsamico | 2 EL Cranberrys
½ Apfel, in feinen Scheiben | Schnittlauch, fein geschnitten

SÜSSKARTOFFEL (CANAPES) Backofen auf 180 °C vorheizen. Die Süßkartoffel in 5 mm dicke Scheiben (ergibt rund 30 Scheiben) schneiden und auf ein mit Backpapier belegtes Blech verteilen. Salz und Pfeffer mit Olivenöl verrühren, Scheiben damit einstreichen. Bei 180 °C 20 Minuten backen.

RANDEN-HUMMUS Ahornsirup, Salz, Salbei und Peperoncino mit Nüssen in einer Pfanne erhitzen und unter Rühren karamellisieren. Das dauert 2 bis 3 Minuten. Nüsse auf ein Backpapier verteilen und auskühlen lassen. Süßkartoffelscheiben mit Randen-Hummus bestreichen, 1 Baumnuss darauflegen, mit Kresse garnieren und mit Pfeffer abrunden.

RÄUCHERTOFU-MACADAMIA-DIP Süßkartoffelscheiben mit dem Dip bestreichen. Mit Sesamsamen und Rettichsprossen bestreuen.

KRÄUTERFRISCHKÄSE MIT BALSAMICO-CRANBERRYS Balsamico in einem Pfännchen erhitzen, Cranberrys zugeben, auskühlen lassen. Süßkartoffelscheiben mit Kräuterfrischkäse bestreichen. Apfelscheibe darauflegen und mit Cranberrys und Schnittlauch garnieren.

Gerstotto mit Wurzelgemüse

Es muss nicht immer Gerstensuppe und Risotto sein. Aus Gerste wird Gerstotto. Gerste ist von Natur aus geschmacksintensiv. Da kommt das aromatische Winterwurzelgemüse wie gerufen, das für eine perfekte Balance sorgt.

―――――――― FÜR 2 PERSONEN ――――――――

250–300 g Schwarzwurzeln, geschält | 100–150 g Pastinaken
100–150 g Petersilienwurzel, geschält | einige Thymianzweiglein, Blättchen abgezupft
einige Rosmarinzweiglein, Nadeln abgestreift | 1 EL Olivenöl | 1 TL Salz
frisch gemahlener Pfeffer

GERSTOTTO
1 EL Olivenöl | 1 kleine Zwiebel, klein gewürfelt | 150 g Rollgerste
1 dl/100 ml Weißwein | 4 dl/400 ml Wasser | 1 EL Miso | 2 EL Hefeflocken
1 EL Mandelmus | Salz | frisch gemahlener Pfeffer

1 EL Pinienkerne, geröstet | fein geschnittene glattblättrige Petersilie

1 Backofen auf 180 °C vorheizen.

2 Schwarzwurzeln, Pastinaken und Petersilienwurzel schälen und in gleich große Stücke schneiden (ca. 3 cm). Mit Kräutern, Olivenöl, Salz, und Pfeffer würzen. Gemüse auf ein mit Backpapier belegtes Blech verteilen und im Ofen bei 180 °C 30 Minuten backen.

3 Für den Gerstotto Zwiebeln im Olivenöl andünsten, Rollgerste kurz mitdünsten, mit Weißwein ablöschen, Wasser, Miso und Hefeflocken zugeben, etwa 35 Minuten köcheln lassen. Mit Salz und Pfeffer abschmecken. Mit Mandelmus verfeinern.

3 Gerstotto mit Wurzelgemüse anrichten. Pinienkerne und Petersilie darüberstreuen.

TIPP Zum Schälen der Schwarzwurzeln die Hände einfetten oder Handschuhe tragen, damit sie sich nicht braun verfärben und klebrig werden.

Marokkanischer Falafel
mit orientalischem Couscous

Aus Falafel und Tomatensauce lässt sich ein wunderbarer Eintopf zaubern, welcher richtig gut zu meinem orientalischen Couscous passt.

———— FÜR 2 PERSONEN ————

FALAFEL
100 g Kichererbsen, über Nacht eingeweicht | Minzeblättchen, fein geschnitten
Korianderblättchen, fein geschnitten | 1 Bio-Zitrone, Schale | 1 TL Kreuzkümmelsamen
1 Knoblauchzehe, fein gewürfelt | 1 kleine rote Zwiebel, klein gewürfelt
1 Msp Salz | Olivenöl

TOMATENSAUCE
2 EL Olivenöl | 1 TL Kreuzkümmelsamen | ½ Zimtstange | 1 TL Korianderkörner
1 EL Tomatenpüree | 1 Zwiebel, fein gewürfelt | 1 Knoblauchzehe, fein gewürfelt
800 g (1 Dose) gehackte Tomaten | 1 Bio-Zitrone, Schale
1 Medjool-Dattel, entsteint, in Streifchen
1 Bund Koriander, Blättchen abgestreift und fein geschnitten
1 TL Paprikapuvler | 1 TL Harissa

COUSCOUS (FÜR 4 PORTIONEN)
200 g grober Couscous | 1 TL Salz | 1 TL Kreuzkümmelsamen
40 g Rosinen | 30 g Zedernkerne, geröstet | 60 g getrocknete Aprikosen, in feinen Streifen
1 Bund glattblättrige Petersilie, Blättchen abgezupft | Olivenöl

Granatapfelkerne | gehackte Petersilie

---

1 Für die Tomatensauce Olivenöl erhitzen, Kreuzkümmel, Zimt und Korianderkörner zugeben und leicht rösten, Tomatenpüree unterrühren, Zwiebel zugeben und andünsten. Knoblauch, Tomaten, Zitronenschale, Datteln, Koriander, Paprika und Harissa zugeben, Sauce etwa 40 Minuten köcheln lassen.

2 Ofen auf 180 °C vorheizen.

3 Kichererbsen abgießen, im Mixer zerkleinern. Kichererbsenmasse, Kräuter und Gewürze in einer Schüssel mischen und zu einem Teig kneten. Bällchen formen. Auf ein mit Backpapier belegtes Blech legen und mit Olivenöl bestreichen. Falafel bei 180 °C rund 20 Minuten backen.

4 Couscous nach Packungsbeschrieb kochen, mit Salz und Kreuzkümmel würzen. Rosinen, Nüsse, Aprikosen und Petersilie unterrühren, mit Olivenöl abrunden.

5 Falafel mit Tomatensauce und Couscous anrichten, mit Granatapfelkernen und Petersilie bestreuen.

Nuss-Orangen-Kleingebäck

Weihnachten ohne Guetzli ist auch für mich unvorstellbar. Natürlich hat jeder seine Lieblingsrezepte, die meist von Generation zu Generation überliefert werden. Meine Guetzli enthalten Baumnüsse, Orangenschale und Lebkuchengewürz. Sie sind richtig würzig, winterlich und unwiderstehlich gut!

FÜR 18–22 STÜCK

100 g Datteln, entsteint, gehackt | 100 g Dinkelweißmehl | 100 g Ahornsirup
60 g Baum-/Walnüsse, gemahlen | 50 g Kokosöl | 1 Bio-Orange, Schale
1 Prise Salz | 1 TL Lebkuchengewürz | 18–22 Baum-/Walnüsse, ca. 60 g

1 Datteln, Dinkelmehl, Ahornsirup, Baumnüsse, Kokosöl, Orangenschale, Salz und Lebkuchengewürz zu einem glatten Teig kneten. In Klarsichtfolie einwickeln und 30 Minuten kühl stellen.

2 Backofen auf 180 °C vorheizen.

3 Aus dem Teig 3 cm große Bällchen formen und auf ein mit Backpapier belegtes Blech legen, eine Baumnuss auf jedes Bällchen setzen und ein wenig flach drücken.

4 Die Guetzli auf der zweituntersten Schiene in den Ofen schieben und bei 180 °C 15 Minuten backen.

Safran-Panna-cotta
mit Blutorangenkompott

Safran eignet sich nicht nur für pikante Speisen. Er gibt auch Desserts wie dem Panna cotta das gewisse Etwas.

──────── FÜR 2 PERSONEN ────────

1 dl/100 ml Kokosmilch | 1 ½ dl/150 ml Mandelmilch | 1 EL Agavensirup
1 Briefchen Safranpulver | ½ Zimtstange | 2 Kardamomkapseln | ½ Vanilleschote
1 g Agar-Agar-Pulver (Reformhaus)

ORANGENKOMPOTT
2 Blutorangen | 3 Datteln | 1 Kardamomkapsel | ½ TL Zimtpulver
1 Prise Muskatnuss

1 Kokos- und Mandelmilch und Agavensirup in einem Pfännchen verrühren. 2 Esslöffel Milch in eine Tasse geben und mit dem Agar-Agar-Pulver verrühren. Gewürze zur Milch geben und unter Rühren aufkochen, **10 Minuten köcheln lassen.** Zimtstange, Kardamomkapseln und abgestreifte Vanilleschote entfernen. Agar-Agar-Flüssigkeit zugeben und Creme unter Rühren 2 Minuten köcheln lassen, auf zwei Förmchen verteilen. Abkühlen lassen, kühl stellen.

2 Für das Kompott Orangen großzügig schälen und auch die weiße Haut entfernen, Fruchtfilets aus den Trennhäutchen schneiden. Alle Zutaten in ein Pfännchen geben und aufkochen, bei schwacher Hitze 5 Minuten köcheln lassen. Kardamomkapseln entfernen.

3 Safran-Panna-cotta auf Teller stürzen, mit Orangenkompott umgeben.

Gebackene Vanillebirnen

Es ist schon oft vorgekommen, dass ich mir viel Mühe für ein Dessert gegeben habe, dieses dann aber nur probiert wurde, weil der Hauptgang zu stark gesättigt hatte. Mit diesem Birnendessert wird das nicht passieren.

———————— FÜR 2 PERSONEN ————————

4 kleine reife Birnen | 1 EL Kokosblütenzucker | 1 Vanilleschote | 1 EL Ahornsirup
1 TL Kokosöl, flüssig

2 EL gehackte Pistazien | 50 g dunkle Schokolade, zerbröckelt

1 Backofen auf 180 °C vorheizen.

2 In einem Schälchen Kokosblütenzucker, abgestreiftes Vanillemark, Ahornsirup und Kokosöl zu einer Paste rühren.

3 Birnen halbieren und entkernen, mit der Paste bestreichen. Birnenhälften in eine Auflaufform legen. Vanilleschotenhälften dazulegen.

4 Form in der Mitte in den Ofen schieben und Birnen bei 180 °C 30 Minuten backen. 5 bis 10 Minuten vor Ende der Backzeit mit Pistazien bestreuen.

5 Schokolade in ein Schüsselchen geben und im warmen Wasserbad schmelzen. Birnen mit der flüssigen Schokolade garnieren.

TIPP Mit Kokosjoghurt oder Eiscreme servieren.

Dank

Während ich den Dank schreibe, kann ich es immer noch kaum fassen, dass ich ein Kochbuch geschrieben habe und dass du mein Buch in den Händen hältst. Für mich hat sich ein Traum erfüllt, bei dessen Verwirklichung mir ganz viele wunderbare Menschen zur Seite standen und mich unterstützt haben. Sie alle haben ein riesengroßes Dankeschön verdient.

Zuerst möchte ich mich bei dir bedanken, ja bei dir. Du hast dieses Buch gekauft oder geschenkt bekommen. Vielleicht hast du meinen Blog gelesen oder bist mir auf Instagram gefolgt. Ohne dich hätte ich nie die Möglichkeit bekommen, dieses Projekt zu realisieren.

Ich danke meinen Eltern von Herzen. Sie haben den Grundstein für meine Liebe zum Essen gelegt, zusammen mit ihren kulinarisch talentierten Freunden. Begonnen hat alles in Italien, als ein Familienfreund mir im Alter von knapp einem Jahr gekochte Aubergine fütterte und ich darüber hell begeistert war. Seitdem bin ich ein Foodie, und seit 2014 Fanny the Foodie.

Ich danke meinem Deutschlehrer in der Kanti, der mir erlaubte, meine Maturaarbeit über meinen Blog zu schreiben. Dass ich einst mit meinem Blog so erfolgreich sein würde, hätte ich damals nicht gedacht. Wenn man heute von den erfolgreichsten Food-Bloggerinnen in der Schweiz spricht und damit auch mich meint, kann ich es immer noch kaum fassen.

Viele tolle Menschen haben mich während der vergangenen Monate unterstützt. Ein großes Dankeschön geht an meine beste Freundin, Mitbewohnerin und Seelsorgerin Lisa, die viel degustierte und mich mit ihrem künstlerischen Talent unterstützte. Sie war auch maßgebend beteiligt am Titelbild und hat mein neues Logo gezeichnet.

Ich danke allen Freunden, die zum Testessen gekommen sind. Es war ein gutes, motivierendes Gefühl, ein positives Feedback zu den Rezepten zu bekommen, und sie halfen mir gleichzeitig, dem Berg von Gekochtem Herr zu werden.

Ich danke auch Onkel Bruno, der mir in fototechnischen Belangen und bei der Belichtung zur Seite stand.

Ich danke der wunderbaren Lara aka, Vanillacrunch aka, der Dessert-Königin, aka, der tollsten Schweizer Foodbloggerin überhaupt, welche mich bei Blog-Fragen unterstützte.

Ich danke ganz herzlich Sofie, meiner Schwester, meiner größten Kritikerin, meiner besten Freundin und Seelenverwandten. Sie hat auch die Fotos gemacht, in denen ich in Action bin. Sie hat mein Projekt vom ersten Tag an begleitet und immer mit Freude meine Kochexperimente getestet.

Ich danke meinen wunderbaren Freundinnen Angela und Debi. Sie haben die Einleitung gelesen und korrigiert.

Vielen Dank Le Creuset und house doctor für die Unterstützung.

Ich danke dem Fona Verlag und insbesondere meiner Lektorin, Léonie Schmid, die mir, einer unerfahrenen jungen Frau, die Chance gegeben hat, das Kochbuch zu realisieren.

Danke, Danke, Danke!

Register

FRÜHLING

Erdbeere

Fenchel

Radieschen

Spargel

Rucola

Traube

Steinpilz

Feige

Birne

Feder kohl

HERBST